국가형태

Die Staatsformen

국가형태
Die Staatsformen

초판 1쇄 인쇄 2011년 2월 22일
초판 1쇄 발행 2011년 2월 25일

지은이 _ 막스 임보덴
옮긴이 _ 홍성방
펴낸이 _ 배정민
펴낸곳 _ 유로서적

편집 _ 공감IN
디자인 _ 천현주

등록 _ 2002년 8월 24일 제 10-2439호
주소 _ 서울시 금천구 가산동 329-32
        대륭테크노타운 12차 416호
TEL _ (02)2029-6661
FAX _ (02)2029-6663
E-mail _ bookeuro@bookeuro.com

ISBN 978-89-91324-45-9

홍성방 교수의 법학 번역 시리즈 2

국가형태

국법이론의
심리학적
해석의 시도

막스 임보덴(Max Imboden) 지음
홍성방 옮김

versuch einer
psychologischen Deutung
staatsrechtlicher Dogmen

유로
BOOKEURO
PUBLISHING

이 책과 저자에 대하여

　이 책은 스위스의 공법학자 막스 임보덴*Max Imboden*의 주요저작인 Die Staatsformen - Versuch einer psychologischen Deutung staatsrechtlicher Dogmen, Basel und Stuttgart, Verlag von Helbing & Lichtenhahn, 1959을 옮긴 것이다.

　막스 임보덴은 1915년 6월 19일 스위스 동부의 상트 갈렌*Sankt Gallen*에서 정신과의사인 아버지와 산부인과 의사인 어머니 사이에서 태어났다. 1944년 교수자격논문("무효인 국가행위")이 통과된 것을 계기로 취리히 대학의 강사앨범에 쓴 글에 따르면 그는 고등학교 때까지는 부모의 영향을 받아 자연과학에 흥미를 가졌으나, 고등학교 졸업 직전 갑자기 국가에 대한 관심이 생겨 법학공부를 하기로 하였다고 한다. 그 후 그는 제네바*Genf*, 베른*Bern* 및 취리히*Zürich*에서 법학을 전공하고 1939년 취리히 대학에서 지아코메티*Giacometti*교수의 지도를 받아 "연방법은 칸톤법을 깨뜨린다"라는 제목으로 박사학위를 취득하였다. 그는 호르겐*Horgen*지방법원의 법정대리인, 취리히 시법률고문, 취리히 대학 겸임교수를 거쳐 1953년 바젤*Basel*대학 정교수가 되었다. 그는 1963년과 1964년에는 바젤대학 총장을, 1965년에는 스위스 학문평의회 의장을 역임하였다. 그는 이 책과 많은 논문 외에도 "행정법상의 계약"(1958), "스위스 행정재판"(1959), "몽테스키외와 권력분립이론"(1959), "정치체제"(1962), "루소와 민주주의"(1963), "요한네스 보뎅과 주권이론"(1963) 등의 저작을 남겼다.

이 책에서 그는 융*C. G. Jung*의 심리학에 근거하여 새로운 길을 개척한 것으로 평가되고 있다. 이 책에서 그는 19세기 이래 국가론은 실증주의가 득세한 결과 그 이념사적 근거를 점점 더 상실하고 있다는 확인에서 출발하여 고전적 국가형태론을 다시 취하여 국가구조를 인간심리의 반영으로 파악하고자 한다. 그는 다양한 국가형태를 인간의식의 제 단계로 파악하려고 시도한다. 이러한 시도를 출발로 하여 임보뎅은 이 책의 머리말에서 그 포부를 밝히고 있듯이 일반국가론을 발표할 예정이었으나, 국내외에서 기대되던 그 책은 그가 1969년 부활절 이튿날 54세의 젊은 나이에 사망하였기 때문에 끝내 현실이 되지 못했다. 그래서 그의 동료 중 한 사람은 1969년 4월 10일자 취리히신보*Die Neue Züricher Zeitung* 제218호에 기고한 막스 임보뎅 교수 추모사의 맨 마지막 문장을 "막스 임보뎅에 의하여 시작된 많은 것이 이제 계속되기를 기다리고 있다"라는 말로써 끝냈을 것이다.

2010년 12월
옮긴이

CONTENTS

머리말

반백년 전부터 국가론은 끊임없이 시야를 확장해왔다. 정제된 역사 연구에 의하여, 사회학과 정치학에 의하여, 통계학과 현대경제학에 의하여 사회구조의 새로운 측면들이 학문적 인식의 시야에 들어왔다. 이 연구는 감히 이러한 이미 혼란을 불러일으키는 일들을 더욱 중대시키려는 시도이다. 이 연구에서는 국법이론의 일반적인 행군로에도 또한 그 밖의 사회과학 분과의 일반적인 행군로에도 상응하지 않는 방향으로 관찰을 이끄는 시도를 하고자 한다.

거의 정통적 관찰방법을 사용하지 않음에도 불구하고 길은 결국 고전적 고대에 놓여 있는 국가에 관한 유럽적 사고의 기원을 후일의 정치이념사의 위대한 시기들과 결합하는 저 대도(大道)와 합류한다. 바로 우선 흔치 않은 문제제기가 오래된 문헌들을 새롭게 해명할 수 있다는 것을 보일 것이다. 이러한 결과는 저자 자신에게도 놀라운 경험으로 되었다. 그것은 현대 국가론에서 수행되고 있는 시야의 확대가 필경은 단지 19세기에 인위적으로 부과된 구속을 힘겹게 벗어던지려는 노력이라는 것을 웅변으로 증명해주는 것이 아니겠는가? 어떻든 이러한 발전은 진보에 대한 열정에서 찬미할 무엇인가 본래 "새로운 것"으로 간주될 수 없다. 그것은 이전의 인간들에게 자명했던 것을 복구하는 것에 지나지 않는다. 그것은 잃어버린 선, 즉 원래 존재하는 완전함, 참된 인본주의를 재획득할 길을 열어준다.

이 책을 칼 루드비히*Carl Ludwig* 교수께 헌정하는 데는 개인적 존경심의 표현 이상의 이유가 있다. 이 헌정은 - 결국 국가관의 문제를 중점적으로 다루는 작업에 선행하는 - 저자에게는 의무부과적 안내(지도)이다. 그것은 사변적 인식과 우리 국가공동체의 현실을 가교한다. 도시공화국 바젤*Basel*에서 칼 루드비히는 국가와 대학이 수여할 수 있는 최고 공직들의 담당자로서 노련하고 정통한 인간의 이러한 참된 인본주의적 태도를 실제로 만들었다.

1958년 8월 18일
바젤에서

| 제1장 |
상실된 척도

국가는 인간 자신의 가장 내면적 본성으로부터 유래한다(*J. J. Bachofen*).

(1) 이천 년 이상의 유럽정신사가 경과하는 동안 국가지배의 일반적으로 타당한 유형학을 구성하려는 노력과 최선의 국가형태에 대한 질문은 학문적 국가론의 중점에 위치하였다. 형식적이고 진부한 도식주의로서의 전래된 국가형태이론을 밀어내고 기껏해야 여전히 이론사적* 설명에서 국가형태이론에 여지를 부여하는 일은 최근까지 유보되

---

* 이곳에서 이론으로 번역한 용어는 Dogma이다. Dogma라는 용어는 우리말로 통일적으로 번역하기가 쉽지 않은 말이다. Dogma는 그리스어 dokein에서 파생된 말로서 dokei moi라고 하면 '나에게 분명하다'(es leucht mir ein)는 뜻이 된다. Dogma는 신학에서는 보통 신조, 교의, 교리, 신앙명제 또는 교조(敎條)로 사용된다. 철학에서는 정론(定論), 정설(定說) 또는 경우에 따라서는 부정적인 의미로 독단론으로 사용된다. 우리나라의 법학분야에서는 학자에 따라 Rechtsdogmatik을 법해석학, 법교의(조)학, 법말씀론 등으로 번역한다. 그러나 Rechtsdogmatik을 법해석학으로 번역하면 Juristische Hermeneutik과 구별되지 않는다. 그렇다고 Rechtsdogmatik을 법교의(조)학 또는 법말씀론으로 번역하는 것도 지나치게 종교적인 색채를 띤 번역이라고 할 수 있다. 그리스도교에서는 보통 Dogmatik은 그리스도교신앙론에 대한 학문적 설명을 뜻한다.

어 있었다.[1] 이로써 고대 국가사상의 그리스도교화도 또한 계몽주의도 그것에 손을 대어서는 안 된다고 생각되었던 이론과 인식범주는 포기되었다.

고전적 국가형태이론의 포기는 의식적으로 수행된 토론의 결과가 아니었다. 왜냐하면 그것은 오히려 눈에 띠지 않는 포기, 사상상(思想 上)의 진보에 대한 신념에서 수행된 진로변경이었기 때문이다. 사람들은 그 의미가 그들에게 생소하게 된 사상상의 도구로부터 해방되었다.[2] 왜냐하면 그럴 경우 원칙적으로 가능한 국가형태들과 그것들 가운데서 최선의 국가형태에 대한 질문을 외면하는 것은 단순히 이론적 인식의 "진보적 순화(純化)"로 받아들여지지 않기 때문이다. 이러한 발전은 사람들이 그것을 한층 더 포괄적인 정신사적 과정에 관련시킬 때에만 이해할 수 있을 것이다.

(2) 사람들이 그러한 종류의 연관을 시도한다면 일반적으로 사라져가는, 현대국가론의 누차에 걸쳐 상실된 정신사적 근거를 언급하는 것이 타당한 것으로 생각된다. 아리스토텔레스*Aristoteles*로부터 시작

---

1) 예컨대 K. Schilling, Geschichte der sozialen Ideen, 1957, S. 183과 S. 289 참조.
2) 그래서 아리스토텔레스의 지배의 기본형태를 "개인적으로 파악된 것"으로 특징지음으로써 (R. Michels, Zur soziologie des Parteiwesens in der modernen Demokratie, 3. Aufl., 1957, S. 389에 있는 후기에서 *Conze*의 생각이 그러하다) 특정의 현대 대국가의 추상적 제도들에 그 적용가능성을 거부하는 것은 아마도 본질적인 오해이다. 또한 그리스 도시국가의 중심에도 개인적인 관계가 아닌 관념적인 관계가 위치하고 있다(Aristoteles, Politik, S. 9에 대한 서문에서 *Gigon*의 생각이 그러하다).

되는 분명히 추적할 수 있는 노선이 1787/88년의 페더럴리스트, 즉 미국헌법의 기초를 닦기 위한 기억할만한 공동작업에까지 이어지고 있다. 이 위대한 계열에서 나온 모든 뛰어난 작품은 그 이전의 모범들과의 논쟁에서 성립되었다. 그 속에는 수백 년, 필경은 수천 년에 걸쳐 집적된 경험과 인식이 잔존하였다. 19세기에, 부분적으로는 이미 18세기에 연결이 점점 더 느슨해지다가 필경은 전적으로 단절되고 말았다.

그러나 이념사적 지남력(指南力)의 이러한 소멸 자체도 단지 외관상의 특징만을 나타낸다. 그러한 외관은 어느 정도로 전래된 학문적 설명이 새로운 관찰자에게 이해될 수 없고 중요하지 않게 되었는가를 다시 한 번 더 증명할 뿐이다. 결정적인 변화는 순 이데올로기적으로는 결국 이해될 수 없다. 그것은 근본적인 견해, 즉 인간의 의식내용을 지배함에 있어서의 변화를 지시한다.[3]

(3) 과거와의 단절은 고전적 국가론의 기본적 노력에 대한 이해가 점점 더 상실됨으로써만 가능하였다. 그리스 문화가 정점에 도달한 이후부터 유럽의 국가론을 규정한 것은 매우 깊은 의미에서 인간주의적 태도였다. 그 시발점에는 깊이를 알 수 없는 저작으로 플라톤의 저작이 있다. 국가를 인간영혼의 모사로 파악하고 외적공동체의 형성에서 인간내면을 규정하는 힘을 인식하는 것이[4] 플라톤의 저작이 가지는 커다란 의도이다.[5] 심리적인 것 속에서 제도적인 것의 토착화에 대한 지

---

3) K. Schmid, Aufsätze und Reden, 1957, S. 194/95.

4) Platon, Staat, S. 236과 263, 특히 제8편과 제9편 참조.

식은 플라톤의 유산으로서 우리 문화권의 모든 위대한 국가사상가들에게 생동하고 있었다. 그 지식은 아우구스티누스에 의하여 그리스도교 이론에 유입되었다.[6] 문예부흥과 계몽주의는 그 인식을 후대에 넘겨주었다. 몽테스키외와 마찬가지로 마키아벨리도 이러한 관찰 밖에서 이해될 수 없다. 국가의 법률과 함께 국가구조의 합법률성 내에서 인간상을 재발견하는 것이 "법의 정신"의 저자에게는 이야기되지 않은 주요동기였으며, 그것은 신세계의 그의 위대한 제자들에 의하여 공개적으로 이야기되었다. 일찍이 근대인들에 의하여 의식적으로 수행된 모든 국가건설 중 가장 훌륭한 국가건설에 기여한 페더럴리스트에서 알렉산더 해밀턴*Alexander Hamilton*은 다음과 같은 질문을 던진다. "그러나 정부 자체가 인간본성에 대한 모든 성찰 중 가장 위대한 것이 아니라면 무엇인가?"[7]

(4) 국가구조는 심리의 반사경이다! 무엇 때문에 19세기 동안 이러한 매혹적인 전망이 우리의 인식을 심화하는데 거의 기여할 수 없었을 뿐만 아니라 심지어는 점점 더 상실되어 갔는가라는 질문이 마음에 자주 떠오른다. 그에 대한 대답은 실증주의가 사회과학, 특히 법이론에 가져온 특수한 상황으로부터만 주어질 수 있다. 사회적 소여들은 하나

---

5) 플라톤 국가론에 대한 재기 넘치는 현대비판가 K. R. Popperr(Die offene Gesellschaft und ihre Feinde, 독일어판 1957) 조차도 - 물론 반대의 징후가 있기는 하지만 - 이를 시인한다: "플라톤이 … 인간적 개인의 정치이론으로서 국가의 생물학적 이론을 그다지 제공하고 있지 않다는 견해가 주장될 수 있다."(S. 118)

6) Augustin, Bd. II S. 158.

7) Federalist, Nr. 51 S. 265.

의 특별한 척도에 의해서 평가되었다. 국법적 현상들은 - 자칭 과학성의 이상에 따라 - 자기 자신으로부터 해석되었다. 제도적인 것은 지주적(支柱的) 근거로부터 분리되었다. 기구는 자율적으로 되었다. 사람들은 국가를 그 구성과 역동성에서 "사회적인 것의 내재적 고유법칙성들"[8]에 따라 해석하는데 길들여졌다. 그러한 고유법칙성들로부터 자연과학적 관념을 차용하여 국가에 고유한 "권력역학"과 같은 무엇인가가 되었다. 익히 알고 있는 국법적인 이론들 중 많은 것은 깊이 뿌리를 내리지 않은 단명의 식물들의 인위적 외면화이다. 이러한 결핍된 기초 위에서만 계시록의 환상을 생각나게 하는 20세기의 전체주의 국가의 갑작스런 출현은 이해될 수 있다.

(5) 그럼에도 불구하고 많은 것이 오래된 플라톤적 진리가 다시 전향적 역할을 하게 되리라는 것을 가르치고 있다. 30년 전에 루돌프 스멘트*Rudolf Smend*가 국가론을 저술하였다. 그 책에서 그는 그가 "통합"이라 부른 현상, 즉 집단적 의식내용의 지속적 현실화를 국가의 기본적 생활과정으로 묘사한다.[9] 몇 년 후 앙리 베르그송*Henri Bergson*은 전혀 다른 측면에서, 즉 생물학적 관점에서 인간의 의식구조로부터 사회의 제 법칙을 설명하였다.[10] 대략 같은 시기에 고인이 된 취리히의 헌법학자 디트리히 쉰들러*Dietrich Schindler*의 - 처음에는 그 외적인 소박함 때문에 거의 주목을 받지 않았으나 시간이 흐르면서 그 간

---

8) 예컨대 G. Mosca. Die herrschende Klasse (Bern 1950), S. 13 참조.

9) Rudolf Smend, Staatsrechtliche Abhandlungen, 1955, S. 136.

10) Henri Bergson, Les deux sources de la morale et de la religion, 1932.

결한 실체에 의하여 점점 더 중심을 차지하게 된 - "헌법과 사회구조"에 대한 책이 출판되었다.[11] 이 저술은 융Jung의 심리학을 충분히 검토하고 쓰여졌다는 것을 추측할 수 있다. 끝으로 에리히 페히너Erich Fechner[12]가 3년에 걸쳐 출판된 저작 "법철학"에서 한 걸음 더 나아가려고 시도하였다. 그는 인간영혼의 특정 원형(原型) - C. G. 융의 의미에서 "원형"(Archetypen) - 에서 그가 "법감정"이라 부르는 것의 객관적 원인을 추정한다. 그럼에도 불구하고 그 스스로가 강조하듯이 그의 언급은 오히려 최초의 소극적 선지각(先知覺)의 의미만을 가진다. 그의 언급은 본질적으로는 채 실현되지 않은 계획으로 남아 있다. 마지막으로 그 연구의 원고가 이미 초안의 상태로 이미 제출되었던 바 대로[13] 한스 마르티Hans Marti의 의미 있는 연구[14]가 출판되었다. 이 연구는 복합적심리학[15]의 성과를 스위스 헌법을 해석하는데 사용하여 결실을 거두려고 하였다.

(6) 인간상을 다시 인간영혼에 모든 제도적인 것이 근거가 있다는 것을 아는 지주적 소여로서 중심에 위치시키는[16] 국가론으로의 귀환은

---

11) 제1판 1931(Schltheß & Co., Zürich), 그 이후 개정 없이 새롭게 출판됨.

12) Erich Fechner, Rechtsphilosophie, 1956, S. 165ff.

13) 저자는 이 저술의 기초가 되는 생각들을 1957년 11월 30일 취리히 심리학클럽에서 행한 "국가구조의 상징학에 대하여"라는 강연에서 처음으로 발표하였다(인쇄된 1957년 연보의 요약, S. 22).

14) Hans Marti, Urbild und Verfassung, Bern 1958.

15) 이미 S. Freud, Das Unbehagen in der Kultur, 1930, S. 134 참조.

16) 이에 대하여는 H. Nawiasky, Staatstypen der Gegenwart, 1934, S. 15: "사회적 행위는 정신 내적 과정에 중심(重心)이 있다."

동시에 고전적 국가형태론으로의 귀환을 의미한다.[17] 고전적 국가론에는 국가의 인간적 의무를 의식하는 의미부여의 어떤 것도 없어서는 안 될 잃어버린 커다란 척도가 존재한다. 필요한 것은 물론 오래되고 낯선 것이 된 제 정식이 다시 구속력을 가진다고 선언하는 일만은 아니다. 국가형태론에는 오늘날의 국가공동체의 현실에 상응하는 내용이 주어져야 한다.

---

17) O. Gigon, Vorwort zu Aristoteles, Politik, S. 134의 입장이 그러하다.

제 2 장

세 가지 국가형태에 관한 이론

| A. 성립과 변천 |

(7) "군주정, 귀족정 및 민주정"의 삼분법은 고전적 국가형태론의 근본구조를 형성한다. 그것은 우리들에게는 아리스토텔레스의 삼분법으로 친숙하다.[18] 그러나 이러한 생각의 기원은 훨씬 거슬러 올라간다. 이미 헤로도토스*Herdot*[19]가 그의 유명한 페르시아인과의 대화에서 고전적 국가형태론의 기초를 발전시키고 있다. 이 더 오래된 증언의 의미는 아리스토텔레스의 인구에 회자되는 설명에 비하여 아마도 아직까지 완전하게 인식되고 있지 않다. 주목을 끄는 것은 관념적·체계정립적인 아리스토텔레스의 관찰방법과 확연히 대조를 이루는, 헤로도토스의 설명에서 보이는 현실주의적인 근본적인 필요이다. 위대한 그리스의 역사가는 현대의 사회학자들의 방법과 다르지 않게 추론한다. 그는 그의 후배들보다 실제로는 오늘날의 감각에 더 접근해 있다. 그의 상대주의적 회의주의는 후일의 관찰자[20]의 태도 중 어떤 것을 가지

---

18) Aristoteles, Politik, S. 137ff.; 또한 Ethik, S. 243ff.

19) Herodot III, 80/93, "Les Belles Lettres" 판, Bd. II, 1939.

20) Popper, 앞의 책, S. 70.

고 있다. 이러한 것 때문에 그의 국가형태론에서 무엇인가 시원적인 것을 보는 것은 결코 용납되지 않는다. 헤로도토스가 역사적 제 사실을 제나름대로 판단하여 처음으로 세 가지 국가유형을 대립시키는데 도달하였을 수는 없다. 그는 널리 알려진 주제로서 세 가지 국가유형을 사용하고 있다. 모든 정황으로 볼 때 군주정, 귀족정 및 민주정의 삼분법은 헤로도토스 이전의 시대에 거슬러 올라감이 분명하다. 많은 것이 이러한 삼분법은 사회현실을 경험적으로 철저히 연구한 인식적 결과를 형성하는 것이 아니라 다른 관념영역에 기원을 두고 있는 양극성을 가르치고 있다는 것을 증명한다.

(8) 아리스토텔레스의 삼분법의 주된 생각은 지배자의 수, 즉 일인, 다수인, 모든 사람 내지는 많은 사람들에 따라 국가조직의 특성을 묘사하는 것이며, 이는 이러한 지배유형학의 구체적인 범주이다. 따라서 비록 오직 원래 양적·형식적 관계가 규정되었다 하더라도 상이한 지배구조들의 관념이 국가형태론과 결합되었다. 홉스*Hobbes*[21]가 전래된 견해를 - 전래된 견해의 기초를 이루는 구조적 상위를 설명하기 위하여 - 중요한 것은 지배자가 하나의 개인이냐, 하나의 집단이냐 또는 하나의 집회이냐 여부로 요약한다면, 그는 그렇게 함으로써 이미 오래된 문헌들에 모사된 견해를 반복하고 있는 것에 지나지 않는다.[22] 그러나 이러한 진술 자체는 여전히 표면에 부착된 채로 있다. 이러한 진술

---

21) Hobbes, De cive, S. 149/50.
22) 왜냐하면 전체지배는 또한 정확하게는 국민소수에 대한 국민다수의 지배로 특징지어야 하기 때문이다; Bodinus, II/7, 영어판, S. 72 참조.

은 필경은 형식원리에 표현되고 있는 심층에 놓여 있는 소여를 파악하기 위한 졸렬한 시도일 뿐이다.

(9) 계몽주의에 이르기까지 고전적 국가형태론은 요지부동의 사고도식으로 적용되었다. 절대주의의 양대 국가이론가, 즉 보댕*Bodinus*과 홉스에게서 고전적 국가형태론은 마지막으로 어떻든 심사숙고의 대상이 아닌 자명성으로 나타난다. 그럼에도 불구하고 이미 보댕의 저술에서 이행이 행해졌으며, 그 이행은 처음에는 커다란 의미를 가지지 않은 것으로 생각되었으나 나중에는 고전적 국가형태론에 전혀 다른 방향을 지시하기 위한 토대를 제공하였다. 그가 중심에 위치시킨 주권(maiestas)의 개념을 화제의 실마리로 삼아 보댕은 국가형태를 국가 내에서 권력분배에 대한 일반적인 생각이 아니라 - 더 좁고 법적으로 더 명확하게 - 주권의 소재에 따라 규정하였다.[23] 이로써 더 이상 국가 자체가 아니라 "군주정, 귀족정, 민주정"이라는 세 가지 범주에 의하여 국가권력의 특정한 공시가 특징지어졌다. 보댕에게 주권은 국가지배의 절대적으로 지배적인 표지로 남아 있었기 때문에, 이러한 변화는 보댕의 경우 여전히 거의 주의의 대상이 되지 않았다. 어쨌든 그러한 사실로부터 국가론을 위하여 새로운 측면이 시작되었다는 결론이 나왔다. 국가의 모든 작용이 주권의 현실화로 이해될 수는 없기 때문에 그것과 함께 그 밖의 (물론 주권에 종속되는) 기능 - 통치(gubernatio) - 이 구별되어야 했다. 두 가지 국가적 상징인 주권과 통치가 상이하게

---

23) Bodinus, II/1.

구성된 기관의 수중에 놓여짐으로써 동일한 국가단체 내부에서 상이한 형식원리를 따르는 부분조직이 만들어진다.[24] 더 의미있는 것은 관찰방법의 이러한 변화가 후일 로크Locke에 의하여 수행된 방법과 관련이 있다는 것이다. 국가권력은 그에 의하여 더 기능적으로 분리되었다. 이로써 로크는 그 구성에 따라 국가가 전체로서 자격을 얻는 국가주권의 저 공시의 특징을 나타내야 할 필요에 처하게 되었다. 그의 기능도식의 틀 내에서 그는 입법을 우월한 권력으로 표현하였다. 로크는 국가형태를 철저하게 입법부의 구성에 따라 규정하였다.[25] 그럼에도 불구하고 입법부는 다른 국가기관들과 대립하고 있기 때문에 이러한 관찰과 함께 구체적 국가의 자격에서 통일성이 파괴되었다. 즉 사람들이 국가의 구성에서 어떤 기관을 관찰대상으로 삼느냐에 따라 동일한 지배단체가 다른 국가형태로 판정될 수밖에 없다.

몽테스키외Montesquieu와 루소Rousseau와 함께 고전적 국가형태론을 고수하는 이론가들의 계열은 끝난다. 그러나 동시에 그들과 함께 국가를 새롭게 관찰하는 길이 시작된다. 아마 어떤 다른 근대 국가사상가도 "법의 정신"(Esprit des Lois)의 저자와 "사회계약론"(Contrat Social)의 저자처럼 낡은 사상의 총화와 새로운 사상의 총화를 이렇게 중개하지는 않았다.

전래된 국가형태론에 대한 그의 입장표명이 통일적이지 않다는 것이 몽테스키외의 특징이다. 그래서 최선의 국가형태에 대한 질문 - 그는 "명상록"(Pensées)에서 그 해결을 불가능한 것으로 표현한다[26] -

---

24) Bodinus, II/7.

25) Locke, S. 65.

은 필경은 그의 주저의 커다란 의도를 표현한다. 또한 몽테스키외에 의하여 각인된 "공화정, 군주정, 전제국"(république, monarchie, état despotique)이라는 3정식[27]도 특이한 방법으로 낡은 사고범주와 새로운 사고범주를 포괄한다. 이 연구가 더 진행되면서 이러한 연결의 유효범위는 명확하게 인식될 것이다.

루소의 이론에서는 "정부"(gouvernment)의 형성에서 모든 고전적 국가형태에 상응하는 변형된 지배를 위한 여지가 잔존하기는 한다.[28] 그럼에도 불구하고 "정부"는 국가의 일 부분적 측면만을 나타낸다. 정부는 연결부분으로서 두 개의 다른 정치적 소여, 즉 "주권자"(souverain)[29](국가적 통일의 이념적 대표자, 일반의사의 주체)와 "인민"(peuple)(국가를 형성하는 개인들의 다양성의 표현) 중간에 위치한다. "주권자, 정부, 인민"의 삼위(三位)가 "일인, 다수인, 많은 자"의 변화를 내용으로 함을 인식하는 일은 어렵지 않다. 따라서 "정부"의 구성에서 구성형식의 삼위는 모든 국가의 구성에서 내용적으로 상응하는 선험적 삼위와 대립한다. 이러한 이열(二列)의 의미는 마찬가지로 연구가 더 진행되면서 비로소 인식될 것이다.

---

26) Montesquieu, Pensées Nr. 1788, Oeuvres compètes, S. 1428.

27) Montesquieu, De l'Esprit des Lois, II/1.

28) Contrat Social, S. 279.

29) Rousseau, S. 275: "국가의 새로운 몸과 같으며, 국민과 주권으로부터 구분되고, 국민과 주권 사이에 위치한 정부 …."(Le gouvernment comme un nouveau corps dans l'Etat, distinct du peuple et du souverain, et intermédiaire entre l'un et l'autre … .)

B. 삼위론의 발전

(10) "군주정, 귀족정, 민주정"이라는 단순한 삼위는 물론 더 이상 다양한 관점들 하에서 계속 형성의 가능성을 제공하는 기본구조를 형성하지 않는다. 특히 두 가지 변화가 국가사상사에서 중요하게 되었다.

하나는 다시금 아리스토텔레스란 이름과 관련된다. 최초의 삼위는 건전하고 선한 구성형태와는 반대로 나쁜 타락원리들을 표현하는 두 번째의 삼위(전제군주, 과두정, 대중지배)와 대조된다.[30] 단순한 삼위를 그렇게 증대시키는 모든 것은 다양한 분류관점을 결합하는데서 비롯된다. 아리스토텔레스의 사상을 계속하여 추적하여 보뎅은 심지어 세 개의 삼위공식들을 병존시키는 사고체계의 기초를 마련하였다.[31] 그와 함께 국가의 범주에 대한 이론은 - 보뎅이 철저하게 자신의 주장을 고수했더라면 - 완성된 대칭에 이르렀을지도 모르겠다.

이곳에서는 그 밖의 분류원칙을 끌어들임으로써 발생하는 고전적 국가형태론의 변화에 대해서는 더 관찰하지 않을 것이다. 그에 대한 바른 접근방법은 후에 발견될 것이다. 그에 반하여 그 밖의 분류관점을 끌어들임으로써가 아니라 세 가지 기본형태를 상이하게 관련시키는 것에 근거를 두고 있는 고전적 삼위정식의 다른 주된 변형들은 관찰에 포함시킬 것이다. 외견상 병존되는 개념들은 더 고차원적 질서의 통일성 내에서 결합되어야 한다. 모순되는 것은 그 밖의 관점에서 종

---

30) 앞의 각주 18에 표현된 원문의 위치 참조.

31) Bodinus, 영어판, S. 56-60.

합되어야 한다.

C. 국가형태순환론과 혼합헌법론

　(11) 형식적 상이성에도 불구하고 국가의 고전적 기본유형은 분리될 수 없을 정도로 상호 관련되어 있다는 인식은 이중의 방법으로 변형되어 표현되었다. 인간의 정신은 다른 영역들에서도 모순으로 인식된 소여들을 통일시키기 위하여 동일한 사고상의 임시응변책을 사용한다.[32]

　더 쉽게 이해할 수 있는, 어떤 의미에서 더 원시적이고 그리고 그렇게 때문에 일반적으로도 더 근원적인[33] 결합가능성은 시간적 계속의 결합가능성이다(이른바 순환론). 국가형태는 필연적으로 역사적으로 계속되어야 한다. 하나의 국가형태는 다른 국가형태로 변화하여야 하며, 이는 고대 그리스부터 특히 전제정에 의한 민주정의 교체에서 밝혀지는 과정이다. 이러한 국가형태순환론은 이미 헤로도토스에게서 그 요점이 발견된다.[34] 그것은 - 다른 형태론에 삽입되어 - 플라톤의 "국가론"의 중심적 위치를 차지한다.[34] 근대 초에 그것은 이탈리아 공화국들의 경험에 의하여 마키아벨리 *Machiavelli*의 "군주론"

---

32) C. G. Jung, Mysterium Coniunctionis, Bd. 1, S. 182ff.
33) C. G. Jung, 앞의 책, S. 185.
34) =33a) Herodot III/82.
34) Platon, Staat, S. 397ff.; Popper, 앞의 책.

(Principe)[35)]을 채웠고 그와 함께 근대국가의 철저한 역동성으로 인도하였다.

(12) 사람들이 정태적 생각으로 특징지울 수 있고 아리스텔레스의 저작에서 이미 분명하게 두드러지는[36)] 상이한 생각은 동시에 그리고 동일한 국가적 통일 내에서 상이한 구성원리들을 결합한다("혼합헌법"론). 순환론의 추종자들의 경우에 그들의 저작에서 역동적·역사중시적 서술 외에 또한 이러한 정태적 관찰이 발견되는 것이 특징적이다. 마치 그들은 지속적인 헌법형태의 변화라는 그들이 표현한 공포심을 일으키는 형상과 관련하여 다시금 확고한 중심점을 필요로 하는 것처럼 여겨진다. 그래서 플라톤은 그의 후기 대작 "법률"에서 상이한 조직형태들의 공동작용으로부터 실제로 지속적인 국가조직을 성립시키고 있고,[37)] 마키아벨리는 "대화"(Discorsi)"에서 군주정, 귀족정 및 민주정의 제 원리를 결합하고 있는 국가를 최선의 상태에 있는 것으로 표현하고 있다.[38)] 이러한 양면성에 의하여 일단은 다름 아닌 역사적 법칙성의 서술인 것처럼 보이는 이론도 단순한 사고상의 임기응변책이라는 본성을 나타낸다. 또한 그 이론도 결국은 제 원리들의 결합이라는 생각을 수행하는 데만 기여한다.

---

35) 특히 제9장, S. 39ff. 참조.

36) Aristoteles, Politik, S. 97, 118(카르타고 헌법의 예), S. 181ff.

37) Platon, Gesetze, S. 97ff., 182; Überweg, Grundriß der Geschichte der Philosophie, 1. Teil, S. 317; Verdroß, Grundlinien der Antiken Rechts- und Staatsphilosophie, 2. Auflage, 1948, S. 101ff.

38) Machiavelli, Discorsi, S. 10.

세 가지 국가의 기본형태를 정태적으로 결합하는 이론은 폴리비오스*Polybios*에 의하여 묘사된 로마공화국의 상(像)에 의하여[39] 그 후에는 특히 치체로*Cicero*에 의하여 유럽의 국가사상의 공유재산으로 되었다.[40] 또한 "군주정"(regnum), "귀족정"(civitas optimum arbitrio recta) 및 "민주정"(civitas popularis)을 결합할 불가피성의 명제를 매우 분명하게 표현하고 있는 저작 "국가"(De re publica)[41] 또한 그 중 요부분이 19세기 초에 비로소 다시 발견되었다면, 중세와 계몽주의는 치체로의 사상을 다른 전거로부터 얻었다. 이른바 혼합헌법론은 치체로에서 후기 스토아학파로 유입되었다. 스토아 학파에 의하여 그 이론은 중세의 국가사상을 규정하였다. 토마스 아퀴나스*Thomas von Aquin*에게서 발견되는 "혼합정부"(regimen commixtum)의 증명은 자주 심지어는 단어의 선택에서도 치체로의 설명과 일치한다.[42]

그 후 상이한 제 구성원리를 결합하는 사상은 영국의 계몽주의에서 새롭게 강조되었다.[43] 그 사상은 결국은 17세기 영국혁명에 대하여 매

---

39) 특히 몽테스키외는 그의 초기저술 "considérations sur les causas de la grandeur des Romains"에서 폴리비오스에서 출발하고 있다.

40) Mosca, 앞의 책, S. 120/21.

41) 제1편의 결정적 문장은 다음과 같다: "그러므로 제4의 국가헌법, 즉 이미 이야기된 세 개의 원래의 헌법이 혼합되고 (그렇게 함으로써) 절제된 헌법이 최선이라고 선언해야 한다"(Itaque quartum … genus rei publicae maxime propandum esse sentio, quod est ex his, quae prima dixi; moderatum et permixtum); Artemis-Verlag 판, S. 134-137 참조.

42) "또한 다른 지배들을 서로 결합하는 유형의 지배도 존재한다. 그리고 그것은 최선의 지배이다"(Est rtiam aliquod regimen ex istis commixtum quod est optimum).

43) Thomas Smith "De Republica Anglorum"(1583)와 James Harrington "Oceana" (1656)에 의해서 그러하였다. 이에 대하여는 C. J. Friedrich, Der Verfassungsstaat

개적 원리의 임무를 수행하였고 이러한 특별히 영국적인 각인에서 몽테스키외에게 영향력을 행사하였다.[44]

(13) 또한 혼합헌법관도 물론 여러 차례 모종의 외적 획일주의를 수반한다. 순환론이 세 가지 기본형태를 시간적으로 분리하고자 한다면, 혼합정부의 신봉자들은 가끔 심급에 따른 대조를 추구한다. 폴리비오스가 로마공화국에서 세 가지 기본원리를 국민, 원로원 및 시장(특히 집정관)의 병존에서 대표되는 것으로 보았듯이, 사람들은 혼합국가형태의 본질을 자주 바로 동일한 국가의 개별 행정청들이 반대되는 조직원리를 따르는 데서 탐지하고자 하였다. 세련된 관찰은 물론 또한 그러한 종류의 심급에 따른 대조를 무시한다. 동일한 행정청의 조직 내에서도 상이한 구성원들이 대조를 이룰 수 있다. 상이한 기본유형들을 서로 관련시키고 결합시켜 분리된 모순을 변증법적으로 결합하려는 관심사만이 본질적인 것으로 남는다.[45]

(14) 국가형태를 결합할 가능성은 보뎅에 의하여 명시적으로 부정되었다.[46] 그럼에도 불구하고 이러한 입장표명은 주권을 분리할 수 없는 소여로서 인식하는 순 개념적 철저성을 지키려는 데서 유래하는 것이었다. 주권으로부터 통치를 분리하고 그 밖에 주권에 종속된 통치가

---

der Neuzeit, 1953, S. 198.

44) Montesqieu, Dossier de l'Esprit des Lois Nr. 238, Oeuvres complètes, Bd. II, S. 1048/49.

45) Schindler D., Verfassungsrecht und soziale Struktur, S. 123ff.

46) Bodinus II/1.

최고 국가권력의 소지자로서의 다른 기관에 귀속될 수 있다는 것을 인정함으로써 보뎅은 사실상 다시금 결합이론에 여지를 부여하였다. 주권과 통치라는 하나의 별개의 구성에 의하여 요컨대, 보뎅 스스로가 제시하듯이, 단순한 기본형태들은 변화된다.

| 제3장 |

고전적 국가형태이론의 해석과 오해

| A. 집단적 의식단계로서의 국가형태 |

(15) 고전적 국가형태이론이 근대의 국가학에서 점점 더 없어도 되는 수단으로 관찰되었다면 이러한 발전에 대한 설명은 특히 다음과 같은 두 가지에서 찾을 수 있다.

a) 어떻든 "군주정"과 "귀족정"이라는 개념들은 전적으로 특정된 역사적 상황과 결합되어 있었다. 군주정은 상속되어야 할, 그러나 어떻든 평생 동안 위탁된 독재정치와 동일시되었다. 귀족정은 특정된, 특히 혈통에 의하여 제한된 계급에 의하여 특권이 부여되는 국가질서로 이해되었다. 또한 자주 왕권 대신 더 광의의 개념인 "군주정"이 등장할 수 있었다 하더라도 어떻든 프랑스 대혁명 이후에 수행된 모든 본래의 귀족지배의 전래된 신분특권의 철폐와 더불어 신분은 끝난 것으로 생각되었다. 그러나 쓸모 있는 범주론은 오직 "일인지배 - 전체지배"라는 대비에 근거할 수 없다. 처음부터 비중은 민주정 쪽에 놓여졌다. 어떻든 오래된 삼위도식이 이상으로서의 성격을 상실한 후 모든 입장들은 포괄적 데모크라티스무스(민주적 절차의 형식적 과장: 역주)

에 몰두하는 것처럼 보였기 때문이다.[47] 공공(公共), 즉 "국민"이 새로운 정치의식에서 유일의 주역으로 되었다.

b) 변화된 정치의식에도 불구하고 삼위도식이 계속해서 쓸모가 있었기 때문에 - 즉 지나간 과정을 판단하는 데 - 삼위도식에게는 순 형식적 의미만 주어지는 불운이 닥쳤다. 야콥 부르크하르트*Jakob Burckhardt*[48]가 아리스토텔레스의 제 헌법유형에 대하여 "실제의 위계는 훨씬 더 어마어마하고" "이러한 분류에 들어갈 수 없다"는 소견을 진술하고 있다면 그는 단지 고전적 이론의 외적 구조만을 고수하고 있는 것이다. 그에게 "일인, 다수인, 모든 사람"이라는 단순한 개념들은 어떤 지배질서의 구조적 특색을 파악하기 위해서 본질적으로 충분하지 않은 것으로 생각된다. 이러한 입장표명은 어느 정도로 고전적 국가론의 관점이 19세기의 역사의식에 낯선 것으로 되었는지를 보여준다. 또한 아리스토텔레스의 분류도식에서도 지배단체를 외견상 순양적으로 표현하는 배후에는 결정적인 질적·구조적 세분화가 자리하고 있다. 이러한 유형학 - 순수한 어떤 수(數) - 관계의 기만이 일단 인식한 - 이 최근의 연구에서 "도달되지 않은"[49] 것으로 표현한 것은 지나친 말이 아니다.

---

47) 본질적으로 또한 사회계약론의 결과이기도 하다.

48) Jakob Burckhart, Weltgeschichtliche Betrachtungen, III/1, Kröner Taschen-ausgabe S. 33.

49) G. Dürig, Artikel "Staatsform" im Handwörterbuch der Sozialwissenschaften, 9. Bd., 1956, S. 743.

(16) 세기가 바뀌는 시기의 국가학이 그 근원에서부터 멀어져 단지 양적으로만 이해된 국가형태론과 관련하여 처한 곤경은 오늘날까지 근대 국가이론의 가장 대표적 독일어 저술, 즉 게오르크 엘리네크 *Georg Jellinek*의 "일반국가론"의 입장표명에서 아마도 가장 분명해진다. 엘리네크는 정말로 본질적인 구별원리를 - 아리스토텔레스의 삼분법에서 출발하여 - 단지 국가의사가 실제적·심리적 사실인가 그렇지 않으면 단순한 법적 의제인가 여부에서만 인식할 수 있다. 그러므로 모든 것은 "군주정 - 공화정"이라는 대립에 환원된다. 본래의 개념규정에 따르면 "군주정은 심리적 의사에 의하여 지도되는 국가이다."[50] 그에 대하여 공화국은 주로 "비군주정"으로 표현된다. "공화정에서 최고의 권력은 결코 단순한 심리적 절차에 의하여 형성되지 않는다. 그것은 언제나 더 작거나 더 큰 합의체의 의사이다."[51]

이러한 관찰은 필경 바로 어처구니없는 단락성(短絡性)의 결과이다. 실제적·심리적 현상으로서의 "의사"는 군주정과 마찬가지로 공화정의 지주적 소여이다. 단지 다른 주관적 개별결정들이 결정할 뿐이다. 거꾸로 안정적인 구조를 가지는 국가단체 내에서 군주의 개인적 의사결정은 (그리고 한계상황은 문제되지 않는다) 원칙적으로 합의체의 구성원들의 의사결정과 마찬가지로 법에 구속되고 법에 의하여 규정된다. 같은 정도로 군주는 "의회"나 "국민"이라는 소여와 마찬가지로 인격으로 분리된 추상개념이다. 모든 구성형식에서 (그리고 이러한 인식을 이미 아리스토텔레스가 도출하였다[52]) 국가의 활동은 두 가지 측면

---

50) G. Jellinek, Allgemeine Staatslehre, 3. Auflage, 1921ff., S. 669.

51) Jellinek, 앞의 책, S. 711.

을, 즉 한편으로는 개별인격들의 의사결정의 결과이나 다른 한편으로는 실제적·심리적 사실로서가 아니라 순 규범적 소여로서 "작용하는", 즉 공공에 대하여 "구속력이 있는" 것으로 되는 두 가지 측면을 드러낸다. 국가"의사"는, 규범으로 이해하면, 다양한 방법으로 실제적·심리적 의사상황에 종속된다는 것만이 옳다. 국가론의 제 노력은 이러한 상이한 종속의 유형들을 파악하는 것에 방향을 맞추어야 할 것이었다.

(17) 사람들이 이러한 길을 가려고 시도한다면 특히 국가적 규범을 포함하는 의사결정은 다양한 방법으로 집단적 의식상황을 표현할 수 있다. 왜냐하면 또한 "일인지배, 다수지배, 전체지배"라는 세 가지 개념도 다양한 의식단계들을 지시할 수 있기 때문이다. 그것들은 심리의 기초를 이루는 "의식 - 무의식"[53]의 대립의 틀 내에서 다양한 입장들을 나타낸다. 그 속에 그것들이 가지는 커다란 원칙적 의미와 아마도 또한 그 기원이 있다. 제 지배형태의 이러한 해석은, 사람들이 그 속에서 "자유의 정도"에 대한 표준[54]이나 집단적 인간들을 낙관적 내지는 비관적으로 평가하는 표현[55]을 인식하고자 하는 경우, 극히 명백하게 드러난다. 진정한 자유는 의심만큼이나 많은 것을 이야기하며, 사회적

---

52) Aristoteles, Politik, S. 143. 법률이 지배하는가 아니면 인간이 지배하는가라는 문제는 이러한 의미에서 정당하게 외견상의 문제로 처리된다.

53) 이러한 개념들의 해석에 대하여는 C. G. Jung, Psychologische Typen, 1950, S. 567과 654ff.; S. Freud, Das Ich und das Es, 1923, S. 9ff. 참조.

54) Montesquieu, Ausgabe von de la Gressaye I/31.

55) Dürig, 앞의 논문, S. 748.

인간을 낙관적으로 판단한다는 것은 집단적으로 의식된 작용을 승인하려는 마음의 준비자세와 같은 것을 의미한다. 자유는 일차적으로 심리적 현실이다. 사람들이 의식으로 이끌어진 인간에게 그의 의식성을 부정하는 지배형태를 외부에서 강제하는 경우 그것은 정치적 관심사로 된다.

B. 1인지배

(18) 다른 사람을 지배한다는 것은 자아의 강화를 뜻한다. 이러한 상황의 극단적 표현으로서 '개인을 복수로 호칭하는 일'(pluralis maiestatis)은 우연한 상징이 아니다. 독재지배자는 유일의식자(唯一意識者), 즉 "국민의 익명의 개인들에 대하여 자아라는 상징을 소유하는"[56] 바로 그러한 자이다. 모든 독재정치는 주로 전이(轉移)라는 심리현상과 결합되어 있다. 전이되는 것은 의식적인 심리적 요소들이 아니라 무의식적인 심리적 요소들이다.[57] 지배자는 자신의 행위와 인격에 의하여 개인 속에서 공통적인 무의식적 관념내용으로서 정지상태에 있는 것을 볼 수 있게 한다. 지배자는 개인들의 무의식 속에 사로잡혀 있고 이러한 사로잡혀 있는 상태에서 지도가 없이는 행동할 능력이 없는 대중의 모범이다. 그는 집단적 무의식의 언명(言明)이다.[58]

---

56) C. G. Jung, Aion, S. 288; 또한 Gabriel, Die Entwicklung des demokratischen Gedankens in den Vereinigten Staaten von Amerika, 1946, S. 94/95도 참조.
57) C. G. Jung, Die Psychologie der Übertragung, 1946, S. 93/94.

전이란 심리적 현상은 국가론에서 관용적인 "대표"라는 개념의 가능한 해석 중의 하나와 상응한다. 홉스가 "리바이어던"(Leviathan)에서 국가를 "대다수의 인간들이 그 행위를 … 자기 자신의 행위로 간주하는"[59] 저 "인격"으로 표현한다면, 그는 그렇게 함으로써 만연한 정치적 느낌을 모사하는 언명을 하고 있는 것이다. 그러나 이러한 일반적 사회과학적 정의(定義)의 형태로 표현된 판단은, 전적으로 헌법적 관점에서 관찰하면, 단적인 모순을 명확히 한다. 규범적으로는 결코 국가의 행위가 개인의 행위일 수 없다. 동일화관념은 헌법적 관점 하에서가 아니라 오직 사회학적·심리학적 관점 하에서만 수행될 수 있다.[60] 물론 사회학적·심리학적 관점 내에서 일차적으로 집단적 관념내용들은 지배자 대신 국가에 전이된다. 그럼에도 불구하고 이러한 두 가지 단위, 즉 "국가"와 "지배자"가 곧바로 교환될 수 있다는 것은 동시에 수행된 국가의 "인격화"를 가리키며,[61] 이는 다시 자세하게 다루어야 할 상황이다.[62] 그러므로 대표는, 이러한 원래의 의미에서 집단적 전이로 이해된다면, 집단에 공통적인 무의식적 관념내용의 그 어떤 요소들의 구상적인 분리와 상징적 구체화 이상의 다른 것이 아니다.

---

58) C. G. Jung, Mysterium Coniunctionis, Bd. 2, S. 1.

59) Hobbes, Leviatan, S. 206.

60) 동일화는 이러한 의미에서 가장 원시적인 감정결합의 표현이다. S. Freud, Massenpsychologie und Ich-Analyse, 1921, S. 66.

61) "인격화"는 국가가 "초개인적 본질단위"라는 명제보다 더 포괄적인 것이다(Nawiasky, 앞의 책, S. 15).

62) 아래의 (27) 참조.

(19) 지배자와 피지배자가 전이에 의하여 서로 결합되면 그 강도와 그 가능성에서, 그러나 또한 그 예견불가능성과 깊이에서 집단의 그 어떤 다른 상태가 결과로 도출될 수 있는 모든 것을 넘어서는 결합이 창출된다. 그러므로 타르디외*Tardieu*의 저 유명한 불어 "역사에서 권력의 제도들은 가장 대중적인 것이었다"(Les régimes d'autorité ont été, dans l'histoire, les plus populaires)[63]는 순 정태적 확인을 표현하고 있는 것만은 아니다. 즉 그 말은 사물 자체로부터 오는 진리를 언급하고 있다. 물론 이러한 현상의 뒷면은 독재정치 상태가 개인의 모든 진정한 인격적 발현에 저해가 된다는 데 있다. 인간은 무의식 상태에 정착되게 된다. 홉스가 인간을 이끄는 국가상에 "리바이어던"이라는 이름을 부여하고 있다면, 그는 그렇게 함으로써 인간심리의 전형적 상징이라는 아주 적확한 방법을 사용하고 있는 것이다. 리바이어던은 무의식의 태고의 상징이다.[64] 그러므로 리바이어던은 적확하게 개인을 완전하게 포괄하는 국가를 표현하고 있는 것만은 아니다. 그것은 동시에 모든 국가전체주의에 (그리고 모든 전체주의 국가에서는 그 어떤 형태의 독재정치가 우세하다) 수반되는 심리적 후퇴를 표현한다. 즉 개인은 "정신적 수준의 저하"(abaissement du niveau mental), "무의식적 내용에 의한 자아의 압도"[65] 하에 놓인다.

---

63) J. Steiger, Karl Hiltys schweizerisches Vermächtnis, 1937에 따라 인용.

64) C. G. Jung, Mysterium Coniunctionis, Bd. 1, S. 227.

65) C. G. Jung, Von den Wurzeln des Bewußtseins, 1954, S. 593.

C. 엘리트지배

(20) 엘리트지배 - 포괄적 의미에서 귀족정 - 는 어떤 관점에서 "선민"(electi)인, 즉 선출되고 선택된 자인 일단의 인간들의 지배이다. 사람들은 이러한 의미에서 진보적 개성화에 의하여 "우수한 자"로 된다. 융이 보이는 바와 같이, 이는 자주적인 개인주의를 강조하는 모든 입장에 의하여 결정적으로 두드러지는 과정이다. 개성화는 자아를 발현시키나, 자아는 인간들의 집단적 규정과 일치상태에 있다.[66] 그러한 일치는 - 타자와의 관심과 경험을 활기차게 교환한 결과인 - 공동체 내에서의 발전이지 공동체에 반하는 발전이 아니다.[67] 아리스토텔레스의 선한 귀족지배와 타락한 귀족지배의 대비는 이러한 결정적 방향규정을 지적한다.[68] 특권계급이 개성화 대신 개인주의의 길로 들어서면, 즉 특권계급이 집단을 고려하고 집단에 의무를 부담하는 것과는 반대의 특색을 나타내거나 또는 특권계급의 - 심리학적으로 말하자면 - 의식이 퇴화하고[69] 그리고 그렇게 함으로써 집단을 이끌고 관철하는 엘리트로서의 성격을 상실하면 특권계급은 과두정으로 된다. 몽테스키외가 "귀족정"을 그 우선적인 지위를 제한하는 "절제"(modération)의

---

66) C. G. Jung, Beziehung zwischen dem Ich und dem Unbewußten, S. 93.

67) 이에 대하여는 또한 Marti, 앞의 책, S. 73도 참조.

68) 앞의 각주 18에 있는 문헌 참조.

69) 그리스 국가론에서 몇 번이고 되풀이하여 전개된 귀족정의 과두정과 전제정으로의 타락은 후퇴과정의 모든 과정을 가진다.

원리 하에 두고 있다면[70] 그는 동일한 것을 표현하고 있는 것이다.

(21) 지배당하는 다수에 대한 지배하는 소수의 관계는 복합적인 구조를 취한다. 사람들이 또한 이곳에서도 "대표"라는 일반적인 개념을 우선 "타자를 위한 행위"라는 관념과 그리 다르지 않은 것으로 사용한다면, 반드시 이 개념에는 이중적인 의미가 부여된다. 전체에 대한 전제군주의 관계에서와 마찬가지로 또한 지배당하는 다수에게 지배하는 엘리트는 전이과정의 목표일 수밖에 없다. 그러나 소수의 지도적 역할을 인정하게 되면 또한 다수는 점증적으로 더 의식을 가지는 자로 될 수 있다. 그러한 인정은 극단적인 경우에는 진정한 위임관계로까지 발전될 수 있다. 헌법적으로 행동할 권한이 주어진 자는 행동하지 않는 자의 "수임인"으로 생각된다 - 그와 동시에 이제 "위임"이란 단어는 정확한 법적 내용을 가지게 된다. 수임자는 그의 수탁자의 무의식적 관념내용을 표명하는데 그치지 않는다. 수임자는 수탁자에 대하여 의식적으로 동등한 관계에 있다. 수임자는 수탁자를 수탁자 스스로가 행할 수도 있는 일을 함에 있어서 대표한다.[71]

헌법상의 대표개념이 가지는 오늘날의 문제점은 주로 두 개의 제시된 내적으로 반대되는 대표관념이 분리되지 않고 서로 뒤섞여 있다는 데 그 원인이 있다. "대표" 개념이 "권리가 없는 국민이 추상적 전체로서 대표기관에 의하여 … 현존하게 되고 실제로 행동능력이 있는 것으

---

70) Montesquieu V/8.

71) =70a) Marsilius, S. 144/45.

로 만들어진다는 것을" 표현해야 한다면,[71] 단순히 두 개의, 즉 단순히 상징적인 전이("추상적 전체")와 위임유사적 대표("실제로 행동능력이 있는 것으로 만들어진)라는 관념내용은 해석에 포함된다. 그 밖의 대표관념은 그 형식적·논리적 틀을 법개념의 영역으로부터, 그러나 그 정치적 내용을 심리학적 전이현상의 영역으로부터 차용한다. 사람들은 어떤 것(의식적 대표)을 생각하면서도 다른 것(무의식의 현상으로서의 동화)을 수행한다.

(22) 개성화의 방법으로 자신의 자아를 발현하는 개별인격들과 다면적인 층을 이룸으로써만 사회 전체에 내적 안전성을 보장할 수 있다. 이는 아마도 그렇지 않다면 그렇게 냉정하게 기록하고 있는 "법의 정신"으로부터 들을 수 없을 매우 감동적인 경고의 외침이다. 몽테스키외에 따르면 "중간권력"(pouvoirs intermédiaires)은 사회구조의 응집력을 보증한다.[72] 이로써 파두아의 마르실리우스 *Marsilius von Padua* 이래 유럽의 국가사상에서 항상 되풀이되는 생각이 표현되고 있다.[73] 왜냐하면 전적인 복종을 염두에 두고 있는 모든 당파와 모든 시대의 권력자들도 그러한 복종을 밀어제치고 필요한 경우에는 폐기하는 것을 이전의 엘리트에게 확신시키는 것을 그들을 파괴하는 저작의 가장 중요한 목표로 간주하여 왔기 때문이다. 이야말로 마키아벨리가 그의 "군주"에게 주고 있는 조언이며,[74] 20세기의 전체주의국가가

---

71) Dürig, 앞의 논문, S. 748.

72) Montesquieu, II/4(Ausgabe Gressaye, Bd. I S. 34).

73) Mosco, 앞의 책, S. 310; Marsilius, S. 1102/03.

이제까지의 역사에서 선례를 찾아볼 수 없을 정도로 철저하게 실천한 조언이다.

D. 전체지배

(23) 전체지배는 인간의 사회적 공존에서 의식적인 관념내용의 지배를 의미한다. 전체 또는 국민의 다수는 개별화의 과정에 의하여 그 상호관계를 이러한 진정한 통찰에 의하여 구명된 영역에서 실제로 공동체를 구성할 수 있는 한에서 분명하게 의식시킨다.[75] 왜냐하면 민주주의에서 치자와 피치자는 동일하다는 고전적 정식 또한 완전한 의식성의 이러한 상태를 언급하고 있기 때문이다.[76] 그렇게 해석한다면 민주주의는 우선 단순한 이상으로 - "신들의 민족"[77]을 위한 국가형태로, 무엇인가 도달할 수 없는 바를 향한 지속적 노력에서 끝나는 가치[78]로 생각될 수 있다. 왜냐하면 또한 이 국가형태 자체는 이상적 목표로서 권위 있는 국가형성의 대표자들에게서도 인정받고 있기 때문이다.[79]

---

74) Machiavelli, Il Principe, Kap. IX: "그에 반하여 귀족들로부터 지배자는 자신을 보호할 수 있다. 왜냐하면 그들은 숫자가 적기 때문이다."

75) Marti, 앞의 책, S. 73ff.

76) 루소(S. 273ff.)의 의미에서 주권자와 국민은 하나이다.

77) Rousseau, S. 281.

78) 전답에 있으리라고 추정되는 보물을 찾기 위하여 경작지를 파헤침으로써 토양이 풍요로워지는 Michels(S. 376)의 유명한 묘사가 그러하다.

79) Bodinus, IV/8.

물론 동시에 이러한 착각의 비현실성을 나타내 보이는데 지나지 않지만.

(24) 그러나 전체지배는 단지 이상적인 원격상 이상의 것이다. 그것은 실행될 수 있는 현실이다. 물론 현실로 파악될 수 있기 위해서 그것은 이중적 과정, 말하자면 상호 적응, 즉 한편으로는 개인의 경우 의식회복과 다른 한편으로는 인간에게 유리하게 국가에 주기로 된 기능의 환원을 필요로 한다. 자신의 목표와 수단 내에서 분수를 지키는 국가만이 진정한 민주주의일 수 있다. 이야말로 국민의 지배가 소규모 사회에 결합되어 있는 오래된 진리가 의미하는 것이다. 단지 이러한 진술이 전체지배에 고유한 제한을 전적으로 공간적으로 이해하는 한 이러한 진술은 잘못된 획일주의를 고집하고 있다. 공간적인 것은 단지 가능한 제한방식 중의 하나를 암시할 뿐이다. 전체지배에 본질적인 것은 지배주체에 의하여 파악될 수 있는 (비유적으로 이야기하면: "개관할 수 있는") 영역에의 환원, 다수에 의하여 의식적으로 실행될 수 있는 공동체형태에의 접근이다. 아리스토텔레스[80]가 진정한 전체지배를 - 조직 자체를 표시하는 단어를 사용하여 - "폴리티"(Politie)로 부른다면 그것은 깊은 의미가 있다. 진정한 민주주의에서 전체는 자신의 헌법을 의식한다.

(25) 모든 전체지배는 물론 뾰족한 모서리에 올라탄 것에 비교할

---

80) Aristoteles, Politik, S. 138.

수 있다. 다수지배와는 달리 이 조직형태는 자기 자신 속에 안전장치를 가지고 있지 않다. 자기 자신 속에 라는 말은 이 조직의 기초를 이루고 있는 형식적 결정원리를 말하려는 것이다. 공중의 동의는 최고의 의식성의 상태에서 그리고 그와 더불어 진정한 자유에서 수행된 의사결정일 수 있다. 그러나 공중의 동의는 또한 무의식성에 사로잡혀 있는, 지배자에 의하여 오도되고 남용된 다수의 단순한 동의일 수도 있다.[81] 진정한 민주주의와 의식성을 기만하는 인민민주주의의 모조품은 결국 집단의 "정신수준"(niveau mental)에 의해서만 구별된다. 이러한 결정적인 경계를 보지 않는 것은 낭만적인 국가관찰의 숙명적인 유산이다. 이러한 낭만적인 미화에서는 국민에게서 오는 것은 무엇이나 무조건 좋은 것으로 해석된다. "너희들에게 말하노니 … 국민 속에서, 다수 속에서 모든 것은 위대한 것, 좋은 것, 이성적인 것 그리고 정신이 풍부한 것이다"라고 에른스트 모리츠 아른트*Ernst Moritz Arndt*는 썼다.[82] 진정한 전체지배를 직접민주정적으로 위장된 폭정으로부터 구별하고 결국 자유와 부자유의 결정적 경계에 놓여 있는 심연을 이곳에서는 눈을 가리고 무시하고 있다. 사람들이 그러한 경계에 대하여 맹목적인 한 민주주의가, 하룻밤 사이에 폭정으로 급변할 수 있고 국민들이 - 플라톤의 그림을 변화시키기 위하여 - 무의식에 사로잡혀 있는 막일꾼의 상태로 몰락하는 오래된 숙명을 중지시킬 수 없을 것이다.

페더럴리스트의 견해에 따르면 행정부가 자주적으로 되는 것은 민

---

81) Friedrich, 앞의 책, S. 659ff.

82) E. M. Arndt, Politik und Staat, Kröner Taschenausgabe, 1934, S. 146.

주주의를 지속적으로 위협하는 위험이다.[83] 이러한 관찰에 대해서는 아마도 방법적인 이의는 제기될지 모르나 객관적인 이의는 제기되지 않는다. 이러한 관찰은 표준적인 동기를 존중하며, 이는 필경은 다른 과정의 투영이다. 이러한 관찰은 구성된 외적 권력역학을 신뢰한다. 행정부의 우세는 일반적으로 외부적 사실로부터 결과되지 않는다. 그것은 내부적 단념, 주체의 후퇴의 결과이다. 개별적인 인간 내부에서 수행되는 것만이 외부적 변화에 기록된다.

| E. 헌법형태의 결합 |

(26) 이곳에서 시도되는 국가형태의 해석은 여러 가지 의식상황으로 이해되는 다양한 지배형태가 결코 장소와 시간에 따라 배타성을 주장할 수 없다는 것을 분명히 하여야 한다. 동시에 모든 의식상황, 한 사람이 "대표하는 것"을 앎, 성공적으로 수행된 몇 사람의 개별화 및 모든 사람의 다소간 광범위하게 진척된 의식화는 모든 심리학적 전체에 동일하다.[84] 이곳에 순환론과 혼합헌법의 핵심이 있다.[85]

현실을 선입견을 가지지 않고 관찰하면, 우리들이 국민지배의 정식에 습관화되어 있는 것이 바로 놀라울 수밖에 없을 정도로, 국가형태가 필연적으로 상호 혼합되어 있다는 의식이 옳다는 것을 인정하게 된

---

83) Federalist, Nr. 48 S. 253.

84) 의식과 무의식은 항상 병존한다; S. Freud, 앞의 책, S. 10ff.

85) Mosca, 앞의 책, S. 120/21, 347.

다.[86) 1인지배적 구성요소뿐만 아니라 귀족정적 구성요소도 우리의 사회구조가 우리의 일반적 정치의식을 허용하는 것 이상으로 거의 볼 수 없는 우리 사회구조의 질서층 내에서 매우 커다란 현실을 이루고 있다.

(27) 사람들이 즐겨 근대 헌법발전의 특질을 나타내는 경향으로 관찰하는 1인지배 사고의 퇴화와 청산은 점점 더 강력해지는, 이러한 방법으로 이전의 국가론에 알려지지 않은 국가의 인적 통일을 강조하는 것과 함께하였다. 오늘날 여전히 지배적인 헌법이론에 따르면 국가는 "법인"이다. 사람들은 더 이상 그것과 어떤 실제적 효과가 결합될 수 없는 곳에서도 - 국제법이나 사법의 지배하에 있는 국가의 영역에서와 같이 - 이러한 관념을 사용한다. 사람들은 법률가의 비판적 오성이 전래된 많은 입장들의 독특성을 얼마나 의식하지 못하는가에 대하여 그저 경악할 수 있을 뿐이다. 그래서 예컨대 "취리히 주 민법전"의 아버지로서 위대하고 탁월한 입법자의 노련한 판단을 입증한 다름 아닌 블룬츨리 *J. C. Bluntschli*는 그의 "현대국가에 대한 이론"에서 글자 그대로 다음과 같이 쓰고 있다. "국가는 사람들의 전체이며 …, 윤리적 · 조직적인 남성적 인격에 결합되어 있다."[87) 1인지배는 현실에서는 사라지나, 상징적 본보기로서 의인적인 인격관념의 형식에서 반복된다. 또한 루소*Rousseau*로부터 시작되는 모든 국가에 내재하는 하나의 그리고 불가분의 "주권"(souverain)[88)의 관념도 다름 아닌 의인화의 수

---

86) Schindler, 앞의 책, S. 101ff., 123ff.

87) J. C. Bluntschli, "Lehre vom modernen Staat", 6. Aufl., 1889, Bd. I S. 24.

단이다 - 요컨대 근대의 주권이론이, 고대의 필경은 현실적인 자급자족 관념[89]과는 반대로, 의인적인 인격유추에 의하여 강력하게 관철된 것과 같다. 인간의 정신 속에 그렇게 견고하게 각인된, 공동체를 의인화하는 경향은[90] 똑같이 1인지배의 헌법형식과 같은 전이의 목표를 설정하려는 경향에 기인한다.[91] 인격으로 고양된 국가와 전제군주는 집단적 의식조종의 상징적 관념들로서 동일한 심리학적 현실을 표현한다.

(28) 귀족정적 구성요소는 극히 명백하게 근대 대의제에 유보되어 있다. 모든 대의체는 대표되는 민중에 대하여 독립적인 그 무엇으로서 자신의 권리를 주장한다.[92] 그러나 엘리트지배 사고는 또한 여론형성의 근대조직을 채운다.[93] 단체지배가 가지는 현실적인 문제의 본질적

---

88) Rousseau, S. 273ff. 위의 II/1 말미 참조.

89) Aristoteles, Politik, S. 57.

90) Schmid, 앞의 책, S. 24.

91) 사람들이 국가의 의인화를 "성급한 총괄"로 파악하고(J. J. Thalmann, Bilder in der Sprache der Rechtswissenschaft, dargestellt an den Lehren über das Verhältnis von Recht und Staat, ZüDiss. 1956, S. 79ff., 특히 S. 91) 그 뒤에서 일련의 법학적 진술들을 제시하고자 시도하는 것만 가지고는 이러한 의인적인 비교관념의 본질이 파악되지 않는다. 인격이란 관념은 분석적 오성으로서의 원초적인 인간적 관념영역들에 근거를 두고 있다. 이러한 해석은 추가적인 합리적 논거를 명시한다.

92) Mosca(앞의 책, S. 380)는 아주 정당하게 "선거에 의한 지배계급에 대하여 이야기한다. 이에 대하여는 또한 Michels, 앞의 책, S. 130, 370. Dürig, 앞의 논문 S. 749는 강조점이 약간 다르다.

93) Mosca, S. 222와 277, 그러나 특히 Michels의 책.

인 측면은 형식적으로는 국가외적 조직을 가진 전면에서 대단히 민주적 헌법계층의 갈등에 있으나, 사실은 불가분적으로 국가와 관련된 극히 명백하게 귀족정적인 헌법과 관련되어 있다.[94]

(29) 우리가 다양한 헌법형태들의 종합을 전적으로 우리가 "성문헌법"이라 부르는 차원에서 시도한다면 우리가 여전히 형식적 도식주의에 사로잡혀 있다는 것을 이러한 언급은 입증할 수도 있다. 확실히 조정은 이러한 차원에서 실현될 수 있다. 예컨대 미합중국이 그러한 경우이고 - 그리고 우리는 이러한 예를 앞으로도 여러 번 사용해야 할 것이다 - 더 나아가서 오늘날까지 매우 순수하게 지방의 자치단체의 모습에서 유지되어 온 스위스의 공동체조직의 전래된 형태가 그러한 경우이다. 시민집회, 시의회 및 군수가 이러한 조합적으로 구성된 단체의 세 개의 가시적인 대표를 형성한다. 그러나 그와 동시에 첫 번째 단위가 의식적으로 그리고 대단히 강조된다. 그러나 다양한 차원에서, 특히 법적 상부구조("입법부"[95])와 그 밑에서 가시적인 사회조직("사회구조"[96]) 사이에서 조정이 여러 차례 행해진다. 그러나 반대원리는 또한 현대의 사회학이 "실제의" 공동체와는 반대로 "잠재적인" 또는 "가상의" 공동체로 표현하는[97] 저 차원을, 즉 정서적 집단관념과 적극

---

94) 현대의 정당들도 비슷한 문제에 처해 있다.

95) 아래의 85번 a.

96) 아래의 85번 b.

97) Hellpach, Aufsatz über Sozialpsychologie, im Handbuch der Soziologie, herausg. von Ziegenfuß, 1956, S. 295/97.

적이거나 소극적인 정치적 이상에 기여하는 공동체의 목표(이른바 "정치적 이상구조[98]")의 세계를 참조하라고 할 수도 있다.

　(30) 디트리히 쉰들러Dietrich Schindler는, 이러한 가능성을 일반화하여, 인상적인 비교상(比較像)에 도달하였다. 그는 다양한 헌법형태들은 물 속에서 떠다니는 공으로 설명되어야 한다고 설명한다. 물 위로 떠오른 공의 표면에서 가시적인 것은 종종 구성요소뿐이나, 물에 잠겨 있는 다른 요소들도 마찬가지로 현실이라는 것이다. 사회적 구조에는 특수한 의식차원도 존재한다. 그러한 특수한 의식차원은 어느 정도까지 집단의 의식과 합치되는 지배적인 특징을 나타내며, 현대국가에서는 충분히 성문헌법(내지는 성문법률[99])에, 특히 엄숙하게 근거가 부여되고 시민의 눈 앞에서 집행되는 기본법에 전시되어야 한다.[100] 그럼에도 불구하고 성문헌법은 다수의 헌법외적 구조요소에 의하여 보완된다. 이러한 거의 눈에 띄지 않는, 때때로 은폐된 "보완구조"[101]를 알아야 비로소 우리는 현실에 이른다. 음향이 주는 감동은 결코 하나의 지배적인 주음(主音)으로부터가 아니라 필연적으로 공명(共鳴)을 불러일으키는 상음(上音)과 배음(陪音)으로부터 온다.
　그러나 이러한 관찰이 다음과 같은 상태에, 즉 구조상(構造像)들의 변함없는 총계에 관한 법칙을 세우고 발전도 퇴보도 없고 단지 관념내

---

98) 아래의 85번 c.

99) Locke, 영어판, S. 66.

100) 아래의 100-105번.

101) Schindler, 앞의 책, S. 70ff.

용의 전위(轉位)만 존재한다는 체념적 관찰의 상태에 빠져서는 안 된다. 기복(起伏)이 없는 그러한 관념은 올바른 것일 수 없다. 개인의 생애에 있어서와 마찬가지로 집단의 의식상황에서도 기복이 존재한다. 왜냐하면 어떤 형식과 어떤 관념이 지배적인 것으로 전면에 부각되는가 하는 것은 중요하기 때문이다.

제4장

국가형태이론과 권력분립이론

A. 분립이론의 논거

(31) 세 가지 국가형태론과 함께 그리고 그들과의 내적으로 관련을 가지면서 18세기에 두 번째 3분론이 발전되었다. 그것은 공유재산으로 된 권력분리론이다.

고전적 국가형태론이 최근 발전이 진행되면서 점점 더 깨어 있는 정치적 의식으로부터 사라진 것과는 반대로 이 다른 3위관념은 점점 더 전면에 부각되었다. 이러한 분리과정은 우연적인 일치에 상응하는 것만은 아니다. 국가형태론은 권력분립적 국가조직에서 필연적으로 다른 의미를 획득하지 않으면 안 되었다. 그렇기 때문에 오늘날의 국가에서 고전적 유형학은 분립론에 의하여 영향을 받은 변화를 고려하지 않고는 관철될 수 없다. 이러한 관련은 특히, 국가형태론이 - 이 연구의 기본적 노력과 마찬가지로 - 인간적 의식의 상태로부터 해석된다면, 무시될 수 있다. 주체에 대한 동일한 관계는, 아래에서 서술되어야 하듯이, 또한 분립론을 제시한다. 물론 헌법형식의 상징적 내용은 세 가지 국가 헌법형태론에서보다 이곳에서 필경 더 분명하고, 집단적 심리적 근원과의 결합은 한층 더 다양하다.

그럼에도 불구하고 이러한 관련을 설명하는 데는 많은 어려움이 뒤따른다. 그러한 어려움은 특히 권력분립도식의 동기가 통일적이지 않은 데서 온다. 이러한 사실은 법률가들에게 새로운 것이 아니다. 어떤 사람들은 이 이론을 세 개의 권력의 분립을 요청하는 것으로 이해하는 반면, 다른 사람들은 그와는 반대로 세 개의 권력을 서로 결합하고 싶어하는 데서 이미 차이점을 볼 수 있다. 더욱 결정적인 것은 그 이론의 출발점과 관련된 분열이다. 한편에서는 분립이론은, 사람들이 그것을 선험적으로 다양한 국가기능들로부터 연역함으로써, 합리적으로 근거지어진다(합리적 권력3위). 다른 한편에서는 세 개의 기본권력의 존재를 순 경험적으로 정치현실로부터 연역된다(경험적 권력3위).

| B. 합리적 권력3위 |

(32) 유럽대륙의 법관(法觀)에서 지배적인 권력분립이론은 이른바 기능이론과 분리될 수 없을 정도로 결합되어 있다. 세 개의 질적으로 상이한 국가기능, 즉 일반적·추상적 규범의 제정으로서의 법정립, 개별 사례에서 논쟁의 여지없는 규범정립으로서의 법률집행 및 계쟁 중인 법적 관계의 판단으로서의 사법이 존재한다는 것은 선험적 진리로 통한다. 그 다음 제2의 사고과정에서 분리된 기능은 분리된 국가기관에 위탁된다. 각개의 기능은 하나의 행정청집단에 유보된다. 제 기능의 실질적 상이성으로부터 기능주체의 형식적 분리가 추론된다. 세 개의 권력은 이러한 방법으로 보편타당한, 합리적으로 동기가 부여된 조

직도식의 성격을 보유한다. 물론 이러한 개요가 가지는 논리적 필연성은 조직 자체에 있지 않다. 그것은 세 개의 권력의 기초를 이루는 기능분열에 있다. 한층 강조적인 방법으로 칸트는 이러한 사고를 표현하였다. 그는 국가의 세 가지 기본적 기능을 삼단논법의 세 부분과 동일시한다. 입법자는 대전제를 정립하고, 행정부는 소전제를 만들며, 법관의 판결에서는 결론(conclusio)이 현실화된다.[102] 사람들이 오늘날에도 추론의 세 부분에 대한 이러한 유추를 재치있는 장난으로 생각하고 있다면, 3위도식의 내적 필연성에 대한 칸트의 생각이 유지되고 있는 것이다. 권력분립은 오늘날에 이르기까지 이성 내재적 구성의 면모를 유지하고 있다.

이 점에 대하여 비판적인 숙고를 하여야 할 것이다. 두 가지가 주장된다.

(33) 우선 기능이론을 논리적 · 필연적 도식으로 환원하는 것은 불가능한 것으로 입증된다. 적어도 세 개의 단면이 멈추어 선다.[103]

a) 일반적 규범정립과 구체적 규범정립(한편으로는 법정립, 다른 한편으로는 법적용)의 분리에 논리적 필연성이 인정되기는 한다. 그럼에도 불구하고 실제로는 두 개의 구체화단계가 결코 모든 경우에 외적으로 서로 대조를 이루지는 않을 것이다. 어떤 법질서도 그 행정청 -

---

102) Kant, Die Metaphysik der Sitten, 1. Teil, § 45(Ausgabe Insel-Verlag, Bd. V, S. 433/34).

103) 이에 대하여는 Böckenförde, Gesetz und gesetzgebende Gewalt, 1958, S. 339ff.

특히 국가의 최고대표자들 - 에게 특정 영역에서 법규로부터 자유로운 행위를 할 수 있도록 수권하는 것을 전적으로 거부할 수 없다. 일반적 규범정립의 단계는 적어도 예외적인 경우에는 생략된다.

b) 그럼에도 불구하고 법적용 내부에서 보편타당한 관점 하에서 더 이상의 기능적 분리를 속행할 수 없다는 것은 기능이론의 합리적 체계에 대한 더욱 중대한 파괴를 의미한다. 법률집행과 사법 사이의 그 밖의 분리는 아마도 대부분의 경우에 지시된 것으로 생각된다. 그러나 이러한 대안(代案)은 결국 오직 관례적인 견해에 기초하고 있을 뿐이다. 관례적인 견해는 사법은 분쟁결정이라는 정식 속에서 어느 정도 타당한 그리고 실제로 사용할 수 있는 해석을 받을 수는 있다. 그러나 소송과 관련된 법적용과 소송과 관련되지 않은 법적용 사이에 명확한 경계선을 그을 수는 없다.[104]

c) 전례된 분류도식은 전적으로 법기능에 방향을 맞추고 있다. 그것은 규범정립을 집단으로 분류한다. 그러나 국가의 가시적 활동은 규범창조뿐만 아니라 다양한 사실적 작용을 본질로 한다. 이러한 상황을 기능도식과 조화시키기 위해서는 오직 두 개의 수단이 제공될 뿐이다. 사실적 행위 일반은 국가에 귀속되지 않는다 - 순수법학은 이 길을 갔다.[105] 그 경우 사람들은 내적으로 철저한, 그러나 여론(communis

---

104) 또한 최근에 *Jahrreiß*(Festschrift H. Nawiasky, 1956, S. 119ff.)에 의하여 수행된 구별시도도 설득력을 가질 수 없다.

105) H. Kelsen, Allgemeine Staatslehre, 1925, S. 16ff.

opinio)과 매우 날카롭게 대조를 이루는 이론에 도달한다. 아니면 사람들은 사실적 행위를 "비입법"과 "비사법"으로 치고 "행정"(법률집행)의 나머지 기능으로 친다. 그 경우 사람들은 어느 정도까지는 전래된 견해와 일치한 채로 남아 있으나, 사람들은 집행 기능 내부에서 전적으로 상반되는 것을 결합하게 된다.

(34) 사람들이 이론사에서 쉽게 간과하는 상황은 이러한 해결할 수 없는 이론적 불일치에 상응한다. 일반적으로 권력분립론은 몽테스키외 *Montesquieu*의 이론으로 간주된다. 이러한 원산지증명서는 많은 널리 보급된 역사적 상투어의 불확실한 정당성을 갖는다. 확실히 몽테스키외는 그의 유명한 "법의 정신" 제11편 제6장에서 매우 인상깊게 우리에게 친밀한 3위정식을 주장하였다. 그러나 사람들은 세 개의 기본적 기능이 아니라 네 개의 기본적 기능을 상호 분리한 더 오래된 로크 Locke[106]에게서보다 몽테스키외에게서 기능이론의 바로 사용할 수 있는 제 요소를 찾으나 허사에 그친다. 몽테스키외가 제 권력의 특수한 책임과 관련하여 매우 불분명하고 자가당착적인 생각을 가지고 있었음을 알 수 있다 - 그리고 이는 로크의 사전작업을 두고 볼 때 그만큼 더 뚜렷하다. 일반적 규범정립과 구체적 규범정립의 대조는 그에게 여전히 어느 정도까지는 널리 알려진 사실이었을 수 있다.[107] 그럼에도 불구하고 그가 한편으로는 법률집행을 방금 오늘날의 생각과 일치되게

---

106) Locke, Kapitel XI/XIV.

107) 특히 XI/6, Alinea 43 "T'exécution ayant ses limites par sa nature" 참조.

"공적 결정의 집행"(d'exécuter les résolutions publiques)[108]로 표시하다가, 방금 로크의 "연합권"(Federative power)[109]에 근접하여 "국제법상의 재판"(puissance exécutrice des choses qui dépendent du droit gens)[110]으로 표시하고, 그가 다른 한편으로는 사법을 우선 단순한 민사재판("puissance exécutrice des choses qui du droit civil"[111]으로 정의하고, 그 다음에는 돌연 또한 형사재판으로[112] 정의하고, 마지막에는 (영국의 "인신보호" Habeas corpus에 의존하여) 또한 역시 신체적 운동의 자유에도 적용[113]하고자 한다면, 그것은 몽테스키외가 3위정식을 근거짓기 위하여 제 기능을 명확하게 표현하고 분리시키는 것이 불가피하다고 생각하였음을 알 수 있다.

(35) 전래된 기능이론을 결론적으로 판단함에 있어 특히 이러한 착상은 "어려움이 없는" 국가와 관련된다는 것을 강조하여야 할 것이다. 이러한 착상은 "추상적이고 규범적인 것"의 영역에 의존하고 있고 국가활동의 가시적 현실, 사회조직의 대상적으로 파악할 수 있는 것에 완벽하게 도달할 수 없다. 이러한 사실은 왜 몇 번이고 되풀이하여 제4의 권력 - 정부[114] 또는 재정권(財政權)[115] -을 도입함으로써 전래된

---

108) XI/6, Alinea 6.
109) 앞의 책, Kapitel 12, Ziff. 146.
110) XI/6, Alinea 1.
111) 앞의 책, 같은 곳.
112) XI/6, Alinea 2.
113) XI/6, Alinea 19.
114) G. Jellinek, 앞의 책, S. 617ff.

도식을 4개의 권력정식으로 확장하려는 시도가 행해지는가를 설명해 준다.

C. 경험적 권력다수

(36) 전래된 기능분류의 내적 필연성에 대한 신뢰가 사라지면서 분립론을 합리적으로 동기지우려는 것에 대하여 의문이 제기되고 있다. 권력3위는 경험적으로만 근거지어질 수 있다. 그것은 현실의 추상화로 된다.

몽테스키외에 의하여 제기된 확인, 즉 "모든 국가에는 세 종류의 권력이 있다"(Il y a dans chaque état trois sortes de pouvoirs)[116]는 경험에 의거한 원칙으로 이해되고자 한다. 그것은 (아리스토텔레스[117]에 있어서 세 개의 권력에 대한 지적과 비슷하게) "현재 상황을 분류하는 규칙을 찾아내기 위하여 사물의 현재 상황을 탐구하는"[118] 노력에서 비롯된다. 그와 함께 영국헌법은 가장 중요한 모델로 기여한다. 물론 유명한 저자들은 몽테스키외의 저작의 이 부분과 관련하여 "영국헌법의 특정 경향을 지나치게 서둘러 불완전하게 일반화한 것"[119]을

---

115) Hobbes, De cive, S. 254.

116) Montesquieu, XI/6, 1. Satz.

117) Aristoteles, Politik, S. 91ff.

118) 1816년 2월 12일 바덴 대공(大公)에 대한 회고록에서 *Freiherr von Stein*의 입장이 그러하다(Ausgewählte politische Briefe und Denkschriften, 1955, S. 371 참조).

비난하였다.[120] 그럼에도 불구하고 비판적인 평가는 사람들이 가끔 생각하는 것 이상으로 몽테스키외가 조지 2세의 치세 초기 월폴 *Walpole* 영도 하의 영국의 헌정사적 상황을 대체로 정확하게 묘사하고 있음을 보여주고 있다.[121] 영국의 헌법구조에 대한 그의 해석은 다만 한가지 점에서는 이목을 끈다. "왕, 귀족원, 서민원, 보통법법원"(King, Lords, Commons, Courts of Common Law)[122]이라는 권력4위의 도식이 대영제국의 정치구조를 더 훌륭하게 표현했을지도 모른다. 몽테스키외가 "귀족원"과 "서민원"을 "입법권"(pussance législative)의 기능단위로 결합한 것은 전적으로 자명하다.[123] 몽테스키외에 의하여 특히 조언된 영국의 정치문학의 뚜렷한 경향을 이루고[124] "법의 정신"의 저자의 기본적인 생각과 철저히 일치하는 신분균형을 강력하게 역설하는 것은 이미 기본도식에서 대의체의 2분화를 표현하려는 것을 암시하였을지도 모른다.

---

119) Ilbert/Carr, Parliament, 3. Aufl., Oxford 1953, S. 195.

120) 또한 O. W. Holmes, Collected legal Papers(Einleitung zu einer englischen Ausgabe des Esprit des Lois von 1900), S. 250ff. 이 견해는 검토없이 또한 Böckenförde, 앞의 책, S. 30에 의하여 인용되었다.

121) de la Gressaye(Montesquieu-Ausgabe) Bd. II S. 44/45의 적절한 입장이 그러하다.

122) S. B. Chrimes, English Constitutional History, 2. Aufl., Oxford 1955, S. 167/68.

123) 공식적 헌법용어에서는 "의회의 양원"(Both houses of Parliament)이란 양식이 통용되었다; 예컨대 1701년의 왕위계승법(Act of Settlement) 제7호.

124) 예컨대 *Jonathan Swift*가 그러하다.

(37) 이로써 분립론을 경험적으로 근거 부여함에 있어서는 바로 3위정식은 문제있는 것으로 입증된다.[125] 이러한 확인은 오늘날의 국법적 소여를 관찰함으로써 강조된다. 전래된 3위관념의 무비판적 수용은 종종 현존구조를 희화(戲畵)화 하는 원인이 되었다. 예컨대 어떤 방법으로 스위스연방과 스위스 칸톤의 반(半)직접 민주주의를 권력3위라는 프로크루스테스의 침대(Prokrustes-Bett, 융통성이 없는 형식)에 맞추는가 하는 것은 거의 설득력이 없다. 이 도식에는 바로 결정적 정치단위 - 국민 - 를 위한 자리는 남아있지 않다. 종종 그렇듯이 사람들이 국민을 의회와 함께 "입법자"라는 표시 하에 총괄한다면 그것은 극히 모호한 구성이다. 그러한 구성은 실제의 정치적 비중배분을 고려하지 않을 뿐 아니라 제 칸톤에서 행정에 대한 국민투표가 법률에 대한 국민투표와 같은 의미를 갖는 한 또한 옳지도 않다. 국민투표가 없는 그러나 항상 경성헌법을 가진 국가들에서는 3위정식은 종종 헌법개정권력이 정규적인 입법자와 분리되어 있음에도 불구하고 헌법개정권력이 무시되는 것을 대가로 해서만 유지된다. 이러한 도식화는 특히 연방의 구성국들이 종종 의식적으로 단순입법에는 관여하지 않고 헌법제정절차에만 관여하는 연방국가에서는 의문시된다. 현대국가의 현실적 형상에는 두 개의 서로 교차적인 2원적 행정청이 4개의 반대(Gegensatz-Quaternios)[126]되는 방법으로 병존하고 있는 4개도식이 대부분의 경우 더 정확하다.[127]

---

125) Mosca, 앞의 책, S. 121.

126) C. G. Jung, Aion, S. 99.

127) 그래서 스위스연방에서는 사람들이 "정치적 힘의 장(場)"으로 부를 수도 있는 한

합리적 3위와 관련하여 확인된 것은 이로써 또한 경험적 권리3위에도 해당된다. 3위도식은 중첩된 구조의 숙고되고 가시적인 사회학적 현실의 성격을 가진다. 3위도식은 - 그 자체만 두고 보면 - "무중력" 상태를 언급한다. 국민, 규정적 정치현실은 - 예컨대 페더럴리스트 (Federalist)에서 명백하게 표현된 바와 같이[128] - 3위도식 밖에 있다. 국민은 그로부터 세 개의 국가기관이 "위탁"을 받는 "원래의 권위" (original authority)를 나타낸다. 중첩된 세 부분으로 구성된 구조는 일원적으로 이해되는 토대에 기초를 두고 있다. 페더럴리스트의 이러한 증언에 그 속에서 미래를 지도하는 것으로 된 몽테스키외[129]와 루소의 사상의 종합이 실현되는 것보다 더 커다란 의미가 부여된다.

| D. 삼위일체 형상으로서의 권력다원주의 |

(38) 권력분리이론의 성립에 대한 관찰은 물론 그 근거부여에 대한 비판적 평가도 그 결과는 새로운 이론의 가장 중요한 구성부분은 틀림없이 3위정식 자체라는 확신에 이를 수밖에 없다. 3위정식은 본질적인, 어떤 프랑스 역사가[130]의 말에 따르면 심지어 몽테스키외의 설명에

영역에서는 국민과 정부가 대립하고 있고, 다른 영역에서는, 확실히 "질서부여적 형성"의 영역에서는 연방의회와 연방사법이 대립하고 있다.

128) 특히 Federalist, Nr. 49, S. 257이 그러하다.

129) Montesquieu, Bicentenaire, S. 318.

130) Seignobos "La séparation des pouvoirs" in Etudes de politique et d'histoire, 1934, S. 184가 그러하다.

서 유일하게 파악할 수 있는 실체로 남아 있다. 특히 3위정식은 "법의 정신"의 독자들을 매혹하였다. 라 브레드(La Brède)의 영주의 3위정식과 같은 어떤 생각을 한번 말하는 순간 통화(通貨)처럼 입에서 입으로 전파된 것은 국가이론의 이론사에서 유례가 없다 할 것이다. 마치 몽테스키외는 이미 많은 사람들의 반(半)의식의 희미한 빛 속에서 휴면상태에 있던 것을 정식으로서 이해할 수 있게 만든 것으로 생각된다. 새로운 다원주의적 이론의 근거부여가 고유한 2차적 성격을 제시하는 것은 이러한 사실과 일치된다. 명제는 동기에 직면하게 되었다.

(39) 또 다시 3위정식을 합리적으로 동기부여하는 일은 이러한 현상을 이해하는 것을 한층 쉽게 할 것이다.

a) 이미 로크와 몽테스키외의 서열질서에서 수위를 차지하고 있는 입법자는 법의 창조자이다. 그는 제1원인(prima causa)으로서 법의 창조자(creator iuris)이다.

b) 행정권은 창조된 법(ius creatum)의 가시적인 관리자로서 입법자에 대립한다. 행정권은 시민과 직접적인 관계를 시작하는 명령권의 주체로서 개별적인 사례와 관계가 있는 구체적 법의 관리자이다.

c) 끝으로 법관은 법적 판단(즉 특별한 법적 판단)을 선언한다. 그는 법적 사건과 관계의 영역에서 - 융*Jung*의 표현을 사용한다면 - "실체화된 생활력이자 생산력"이다.[131]

말하자면 이러한 특성표시는 중세 스콜라철학에서 삼위일체설이 경험한 모든 설명에서 그러하다. 권력분립이론은 기원적으로 "삼위일체의 흔적"(vestigum trinitatis), 변화된 삼위일체론이 아닌가? 다른 사람들도 이미 (물론 부수적인 경우가 많기는 하지만) 두 개의 관념의 내적 일치를 지적하였다.[132] 그리고 이제는 가장 최근에(이곳에서 행한 상론이 이미 종이에 적혀졌을 때[133]) 마르티 *Marti* 가 권력분립이론을 공공연하게 "세속화된 삼위일체설"로 표현하였다.[134] 사람들이 관계를 심사하면 할수록 그만큼 더 단순히 외적 유추 이상의 다른 무엇이 있다는 확신을 굳힐 수밖에 없게 된다.

(40) 사람들은 특히 - 칼 야스퍼스 *Karl Jaspers* 의 말을 사용한다면 - "수천 년에 걸쳐 유럽에서 삼위일체 사고는 … 특별한 효력과 영향을 가졌었다"[135]는 것을 생각해내어야 할 것이다. 삼위일체 상징은 모든 존재하는 것[136]의 사고 내에서 근본적인 3박자를 표현한다. 그것은 신플라톤주의의 유산으로서 특히 아우구스티누스 *Augustin* 에 의하여 그리스도교적 · 유럽적 관념세계에 수입되었다.[137] 이집트 왕들의 시대

---

131) C. G. Jung, Symbolik des Geistes, S. 354.

132) 예컨대 Bastid in Monresquieu, Bicentenaire, S. 318 참조.

133) 1957년 11월 30일 강연에 대한 1957/58 취리히 심리학 클럽의 연감에 있는 나의 저자보고서 "국가 기본권력의 3위는 다름 아닌 세속화된 삼위일체설이다"(S. 22) 참조.

134) Marti, 앞의 책, S. 69.

135) Karl Jaspers, Die großen Philosophen, 1957, Bd. I, S. 350.

136) Karl Jaspers, 앞의 책, S. 351.

137) Karl Jaspers, 앞의 책, S. 351과 722.

로부터[138] 삼위일체 상징은 몇 번이고 되풀이하여 외적 지배를 비유로 표현하는 제 시도에 사용되었다. 예컨대 여전히 중세말에도 시에나 시청(Palazzo Communale von Siena)에 있는 로렌체티*Lorenzetti*의 유명한 "부온 고베르노"(Buon Geverno)의 비유에서 사용되었다.

18세기 중에 3위관념의 국가론에의 재입성은 시대의 상황에 의하여 준비되었다. 16세기 말 위대한 프랑스의 법률가 보뎅*Bodinus*은 리슐뢰*Richelieu*가 계획하고 루이 14세가 실천에 옮긴 것을 사상적으로 선취하여 주권이론에 근거를 부여하였다. 주권이론에 의하여 국가는 독립하였다. 국가는 초월적인 것에 근거를 둔 조직으로부터 분리되었다. 동시에 국가적인 것 내에서 내재적 이성이 발견되었다. 중세의 그리스도교적 자연법은 계몽주의의 합리적 자연법에 의하여 교체되었다. 후고 그로티우스*Hugo Grotius*는 - 물론 우선 배타적인 반대가 아닌 병존의 의미에서이기는 하지만 - 신적 의지에 의하여 창조된 법(신적 의지의 법 ius volentarium divinum)과 "자연법"(ius naturale)(새로운 이성법)을 대립시켰다.[139] 이와 함께 3위는 정신적 총체성의 표현으로서 자주적으로 된 국가질서의 상응하는 표현으로 생각되었다.[140] 새로운 관찰방법과 오래된 관찰방법 사이에 연결고리로서 토마스 홉스*Thomas Hobbes*가 위치하고 있다. 그에게 국가는 "신, 국가 그리고 이성"[141]이라는 커다란 3위도식의 한 부분으로 남아

---

138) C. G. Jung, Mysterium Coniunctionis, Bd. II, S. 3ff.

139) Hugo Grotius, Die iure belli ac pacis I/1 14.1.

140) 또한 투영된 모범이 신적 형성에서 인간적 영역으로 이전하고 있음을 언급하고 있는 Jung, Übertragung, S. 112도 참조.

있었다. 그럼에도 불구하고 언젠가 "죽음을 면치 못할 신"으로 고양된 국가가 삼위일체적 완전함을 자신의 것이라 주장하지 않으면 안 되는 것은 필연적인 것이었다. 파울리*Pauli*로부터 케플러*Keppler*[42]에 이르기까지의 작업은 낡은 질곡을 벗어 버리려는 인간들의 견해가 매우 아우구스티누스 이래 인간의 의식에 커다란 영향을 미치고 중세적 인간이 삼위일체의 흔적으로서 세상의 모든 거대한 현상들에서 재발견했다고 믿었던[143] 저 상징에 사로잡혀 있었는가를 보여준다. 케플러적 세계구조는 근본적으로 삼위일체적이다. 계산적 자연과학자 자체를 지도하였던 저 전형적 생각들이 또한 새로운 사회이론의 사고구조에 영향을 미친 것은 이해될 수 있다. 그러나 원은 헤겔*Hegel*에게서[144] 완전히 완결되었다. 권력3위는 신적 삼위일체설과 마찬가지로 세 가지 조치에서 실현되는 이성의 공시로 생각된다. 권력3위는 합리성과 국가의 전체성의 표현이다.

(41) 그러나 이곳에서 주장된 연관을 증명하기 위하여 사람들은 경험적으로 파악할 수 있는 정치현실을 분석할 수도 있을 것이다. 특히 미국인들은 물론 가끔 오히려 해양의 표면을 더 추적하는 그러한 관찰을 애호한다. 어쨌든 문제되는 문헌들[145]에서 어느 정도까지는 확실하

---

141) Hobbes, De Cive, S. 119.
142) Im Naturerklärung und Psyche, Zürich 1952.
143) 예컨대 Kilwardby, De imagine et vestigio trinitatis, Archives d'histoire et littéraire du moyen áge, 1935/36, S. 324ff. 참조.
144) Hegel, §§ 272ff.

게 다음과 같은 것을 알 수 있다. 익명의 종교적 상징적 표현은 정치에서 틀림없이 적지 않은 역할을 한다. 사회심리학적 연구에 따를 때 미국의 국민적 의식이 특히 세 가지 모범을, 즉 조지 워싱턴*George Washington*을 국부(國父 pater patriae)로, 아브라함 링컨*Abraham Lincoln*을 국가의 위대한 아들로 그리고 마지막으로 성조기 또는 - 고양된 관념차원에서 - 미국헌법을 국가존재의 상징으로서 고수하는 것은 예컨대 극히 명백한 삼위일체교리를 차용한 것이 아닐까?

(42) 권력분립론이 삼위일체설로부터 기원한다는 지식은 다름 아닌 정신사적 연관의 지식이다. 그럼에도 불구하고 그밖에도 그러한 지식은 집단심리학으로부터 이 이론의 엄청난 실천적 효과를 이해하고 국가의 제 제도를 의미있게 계속 형성하는 길을 여는데 기여한다. 물론 분립이론에 실천적 의미를 부여하는 시도가 행해지기 이전에[146] 이 이론의 거의 주목되지 않은 측면이 검토되어야 할 것이다.

| E. 권력분립과 국가형태이론 |

(43) 고전적 국가형태론에 의해서도 분립이론과 가교된다. 19세기 전반부의 몇몇 국가이론가들에게 존재했던 이러한 연관에 대한 지식

---

145) 특히 Gabriel, Die Entwicklung des demokratischen Gedankens in den Vereinigten Staaten, S. 96ff.와 S. 102 참조.
146) 이에 대하여는 아래의 45-50번 참조.

은[147] 합리적 권력분립이론의 영향 하에 다시금 상실되었다. 최근의 미국의 연구에 의하여[148] 이러한 연관은 새로운 측면에서 다시 밝혀졌고 이론사적으로 기초가 놓여졌다.

권력분립적 국가에서 지배형태에 따른 유형학은 또 다른 의미를 획득한 것만은 아니다.[149] 분립관은 그 편에서 더 오래된 형태론에 근거하고 있다. 미래에 대한 예견과 같이 이러한 상호의존에 대한 지적은 이미 마키아벨리*Machiavelli*의 "대화"(Discorsi)[150]의 서두에서부터 들리기 시작한다. 그러한 언급은 다시 몽테스키외*Montesquieu*의 초기저술들에서 발견된다.[151] 그러나 특히 이러한 사상은 몽테스키외의 이론에 특히 영향을 받은 미국헌법에서 표현되었다.[152] 사람들은 연방이 어떤 국가유형을 채택하여야 하는 문제에 대답하려는 시도를 하였다는 것이다! 각개의 고전적 권력은 다른 헌법원리를 따른다. 입법은 대의민주주의의 제 형태에서 행하여진다. 행정은 극히 명백하게, 그러나 1788년의 승인논쟁에서 정당하게 대통령의 권력은 심지어 증오의 대상인 영국왕의 권력을 넘어선다는 이의가 제기되었을 정도로[153] 군

---

147) 예컨대 C. T. Welcker, Über Bundesverfassung und Bundesreform, über Bildung und Grenzen der Bundesgewalt, Leipzig und Stuttgart 1934, S. 33/34 참조.

148) Friedrich, 앞의 책, S. 196.

149) 위의 9번 참조.

150) Maciavelli, Discorsi, S. 10.

151) Montesquieu, Oeuvres complètes, Bd. I S. 115(Considérations sur les causes de la grandeur des Romains).

152) H. G. Keller, Die Wurzeln der amerikanischen Demokratie, 1958, S. 20.

153) Federalist, Nr. 67.

주정이다. 사법(과 또한 상원도)은 영국의 보통법의 전통에 따라 극히 명백하게 귀족정적 경향을 띠며, 이는 진지하게 이미 토크빌 *Tocqueville*이 그의 "미국의 민주주의"(Démocratie en Amérique)[154] 에서 언급한 상황이다.

  (44) 국가기관을 분리된 행정청군에 분리하고 다수의 독립적 최종 심급들을 분리함으로써 "혼합통치"(regimen commixtum)의, 혼합 국가형태[155]의 사상이 새롭고 매우 구상적인 방법으로 실현될 수 있게 된다. 세 개의 국가형태의 결합은 서로 다른 구조를 가진 권력들의 병 존에서 한층 가시적으로 된다. 이로부터 이러한 통합사상의 상징력만 이 강화되는 것은 아니다. 또한 제 권력의 대조력도 한층 강화된다.[156] 권력3위로써 동시에 집단에 적합한 의식정도가 고려된다.[157]

---

154) Tocqueville, Bd. I, S. 295ff.

155) Mosca, 앞의 책, S. 55.

156) Mosca, 앞의 책, S. 131.

157) Welcker의 바로 고전적인 문장 참조(S. 34: 그와 동시에 물론 귀족정적 특징은 전 적으로 상원에 옮겨진다): "왜냐하면 국가연합에서 첫 번째 기본요소, 모든 개인의 자유와 특수한 이해관계는 확실하고 완전히 자명하게 그리고 가장 훌륭하게 우선 민주적 국민대표 기관에 의하여 대표되고, 다른 요소, 즉 일반적 통일과 질서의 기 본요소는 군주정적 기관에 의하여, 즉 미국에서는 연방 자체와 마찬가지로 개별적 연방구성국들에서 대통령에 의하여 대표되며, 그러나 세 번째 또는 다방면의 조화 적 매개는 중립적인, 좋은 의미에서 귀족정적 기관, 즉 미국에서는 상원에 의하여 대표된다."

F. 삼위일체적 권력다수의 의미

(권력분리의 자유요청적 작용)

(45) 정치의식에서 분립이론의 정당화는 자유주의적인 정당화이다. 이러한 관찰에 대하여 모든 다른 해석은 후퇴한다. "권력을 남용하지 않기 위해서는 일들의 배치를 통해 권력이 권력을 멈춰야 한다"(pour qu'on ne puisse abuser du pouvoir il faut que, par la disposition des choses, le pouvoir arrête le pouvoir).[158] 개인적 자유의 제도적 보장으로서 그리고 권력남용에 대한 보장으로서 분립이론은 근대 입헌주의의 기본적 구성부분이다. 분립이론은 - 그리고 이곳에서 시도되는 3위 도그마의 해석은 손해를 끼치지 않는다 - 바로 엄청난 효력을 발휘하였다. 국가의 전능을 제한하는 가장 유효한 수단의 하나로서 분립이론은 정당하게 압제받는 인류에게 희망으로 되었다.[159]

(46) 그러나 왜 다수의 국가권력이 권력을 사로잡고 개인적 자유를 증대시킬 수 있는가? 보통의, 특히 무비판적으로 받아들여지는 설명은 최종심급의 다원론으로부터 필연적으로 또한 제 권력의 대립이 결과되고 권력소지자들의 마찰이 필연적으로 개인에게 유리한 결과를 가져온다는 것이다. 그 핵심에서 바로 오래된 "분리하여 명령하라"(divide et impera)의 변형을 내용으로 하는 이러한 관찰은 외관상으

---

158) Montesquieu, XI/4.

159) de la Gressaye(Montesquieus-Ausgabe), II/52.

로는 기계적인 관찰이다. 그러한 관찰은 또한 유효한 설명인가?

앞에서 설명되었듯이,[160] 바로 근대국가의 결정적 정치단위 - 국민 - 는 3위정식 밖에 머물러 있다. 그러나 관계에서 일원적으로 생각된 정치적인 원래의 권력들 스스로가 "파생된 권위"만을 행사하는 심급들의 대립으로부터 어떻게 시민들을 위하여 모든 압제적인 지배요구를 물리쳐야 하겠는가? 그리고 사람들이 이러한 어려움을 도외시하고자 했다면 권력다원주의의 주장되는 내재적 논리는 결코 필연적인 것일 수 없다. 그러한 논리는 필경 그에 대하여 사람들이 똑같이 정당하게 반대주장을 제기할 수 있는 소박한 주장, 즉 다수의 권력소지자를 만들어 내면 개인의 불이익이 된다는 명제와 다를 바가 없다. 사람들이 외적 기구의 가능성만을 따른다면, 분리된 권력소지자들이 개인들을 더욱 철저하게 혹사하기 위하여 연대감을 가지고 결합하는 일도 발생할 수 있다. 이러한 것을 페더럴리스트에서는 "다수의 총합된 비중과 결합된 영향은 그 자체만 두고 보면 개개의 참여자 자신들의 영향과 명성으로서 자유를 위하여 더 커다란 위험이다"라고 한다.[161]

(47) 권력분리의 자유요청적 효력은 제도적 기구의 필연성으로부터 결과되지 않는다. 사회학적 단위들의 운동은 그 자체로서는 계산될 수 없다. 그러한 효력은 주체의 영향력 행사, 시민에게 있어 변화된 의식상황으로부터 설명된다. 이곳에서도 아우스티누스*Augustin*의 다음과 같은 말이 유효하다. "noli foras ire, in te ipsum redi, in interiore

---

160) 위의 번호 IV/3.
161) Federalist, S. 364, 또한 아래의 번호 78번 참조.

homine habitat veritas." [162] 권력분리에 의하여 개인에게는 상징적이고 때때로 또한 실제적인 대조가 창출된다. 그러나 다시금 융*Jung*과 함께 이야기하자면, 모든 대립의 창출은 "제고된 의식가능성"을 의미한다. [163] 모든 인식, 모든 무의식적 관념내용을 의식의 밝은 빛으로 끌어내는 일은 필연적으로 대조효과와 대조경험이라는 외부적인 지주(支柱)를 필요로 한다. "제고된 의식가능성"은, 괴테*Goethe*가 "파우스트" 2편에서 황제로 하여금 "대립황제는 나에게 이익이 된다. 이제 비로소 나는 내가 황제라고 느낀다" [164]라고 말하게 하듯이, 이러한 의미에서 권력에 참여하는 사람들을 위하여 권력분리를 창출한다. 그러나 또한 모든 시민은 그에게 권력다수가 상징적 모범이 됨으로써 의식이 계발된다.

그 영역 내에서 의식경험을 위한 정도에 따라 집단에 대한 개인의 지위는 변화하고 신중하지 않은 권력요구의 기회는 감소한다. 형태가 없고 탐욕적인 권력을 방어하는 실제의 제방은 외적인 권력역학이 아니라 대조를 창출하는 권력다원주의에 의하여 증대된 시민의식에 있다. 이러한 것은, 사람들이 섬세하게 귀 기울일 능력이 있다면, 이미 몽테스키외에게서 고쳐 읽을 수 있다. 제도적 분리라는 단순한 처방이 "절제적인 지배"(gouvernement modéré)를 보증하는 것은 아니다. 절제적인 지배는 내적 소여의 결과이고, "우연은 드물게 이루어지는

---

162) "너의 외부에서 찾지 말고, 너 자신에게로 돌아가라. 인간의 내부에 진리가 있다.";
    이에 대하여는 Cassierer, Vom Mythos des Staates, S. 111 참조.

163) C. G. Jung, Aion, S. 296.

164) Goethe, Faust II, 4. Akt, Vers 10407/08.

상태이며, 드물게 신중하도록 한다"(que le hasard fait rarement et que rarement on laisse faire à la prudence).[165]

(48) 물론 3위정식은 단순한 대조창출을 넘어선다. 선언적(選言的)인 것 자체는 2위에 의하여 상징화되고 파악할 수 있게 된다. 왜냐하면 심급이원주의는 또한 사회조직의 형성에 있어 더 이상의 중요한 기본정식을 나타내기 때문이다. 심급이원주의는 이중왕권[166]이라는 수천 년 된 제도에 기초하여 지배하고 로물루스와 레무스의 전설과 오늘날에도 로마 의사당 위에 서 있는 제우스의 쌍둥이 상에 의하여 전형적인 로마에서(특히 집정관들의 공동합의의 원칙에서[167]) 상징화된다. 이원주의적 형성원리는 입헌국가의 양원제에서 새롭게 부활되었다.

그리스도교적 의식에서는 원래의 3위전형(典型)은 구성원리로서 이원주의적 기본형식을 구축하였다. 2위는 선과 악의 대립의, "신국"(civitas Dei)과 "지상의 국가"(civitas terrena)[168]의 병존의 상징으로 되었다. 그러나 세속국가의 내부에서 2위는, 이원성(로물루스와 레무스, 카인과 아벨)을, 아우스티누스가 우리에게 가르치듯이,[169] 현세적 공동체의 필연적인 이분성을 표현한다. 이러한 긴장은 삼위일체표상에서는 지양된다. 제3위는 해소되지 않고 남아 있는 긴장이 강조되는

---

165) Montesquieu, De l'esprit des Lois, V/14 말미.
166) Jung, Die Pschychologie der Übertragung, S. 104; Platon, Gesetze, S. 97.
167) Bodinus, engl., S. 53.
168) Augustin, II S. 110, 158ff.
169) Augustin, II S. 223.

대조의 성립을 허용하지 않는다. 이로써 3위는 동시에 상위와 통일을 상징한다. 3위는 합리적 총체성의 상(像)으로, 스스로를 형성하고 자기 자신 속에 머무르는 정신적 전일성(全一性)의 표현으로 된다.[170]

(49) 합리적 전일성의 삼위일체상으로서 세 개의 권력에 대한 이론은 국가공동체형성의 기본노력을 의미한다. 국가에서 개인은 의식성의 상태로 인도되어야 한다. 사회조직은 스스로 발전하는 인간의식의 돌진을 허용하여야 한다. 사회조직은 무차별적 무의식상태로 격퇴되는 위험에 대하여 개인의 안전을 보증하여야 한다.[171] 3위상징은 개인에게 요구하고 지도하면서 그리고 반동적인 돌발상황을 억제함으로써 집단을 제한하고 형식을 부여하면서 희망을 약속하는 징표로서 외적인 권력기구 위에 군림한다. 그러므로 인간들이 무의식적 무감각상태에 있을 것을 고집하는 동구의 "인민민주주의"가 모든 종류의 권력분리를 부정하는 것은 내적으로는 모순이 없다.[172]

그에 따르면 자유가 분리될 수 없는 전일성을 형성하고 그에 상응하여 필연적으로 또한 기본권에 의한 자유보장이 권력분리에 의한 제도적 자유보장에 속한다는 국법적 견해의 올바름은 이곳에서도 새로운 측면에서 입증된다. 자발적인 의식화 없이는, 개인적 자유의 체험

---

170) C. G. Jung, Aion, S. 324.

171) 이는 Marti(S. 71ff.)가 다른 방법으로 적절하게 "변화"의 상징 하에 포함시키는 것이다.

172) Dürig, 앞의 논문, S. 750; Nawiasky, 앞의 책, S. 103; Jakobi in Festgabe R. Smend, 1952, S. 145.

없이는 집단 내에서 음침한 강요받는 존재의 명암이 교차하는 곳으로 다시 전락하는데 대한 보장은 창출되지 않는다.[173]

(50) 왜냐하면 이곳에서 또한 왜 결정적 정치세력(마티*Marti*의 의미에서 "대권력"[174])으로 생각되는 국민이 3위절차 밖에 머물러 있고 필연적으로 우선 그렇지 않으면 안 되는가가 이해될 수 있을 것이다. 3위일체적 행정청3위는 국민에게 있는 기본권력에 대한 합리적 상부구조의 성격을 갖는다. 세 개의 정치권력(trias politica)은 차별화된 합리적 전일성으로서 결국 합리적으로 결정되지 않는 국민 일반(universitas popularis)에, 움직여지고 움직이는 사회학적 질료에 대항한다. 낭만주의자들은 합리적 지배기구의 총괄개념으로서의 국가를 "남성적인 것"으로 표현하고 국가를 "여성적인 것"으로 생각된 교회(ecclesia)와 대조함으로써 이러한 생각을 표현하였다.[175] 그와 동시에 물론 후자는 아우구스티누스의 신국과는 근본적으로 다른 그 무엇이었다. 물론 단순한 대비로 모든 것이 끝난 것은 아니었다. 두 개의 반대편 극(極)은 최종적인, 합리적으로 파악할 수 없는, 근본적으로는 오직 예지적인 통일에 대한 종합에서 결합되었다. 삼위일체설의 원형(原型)과 나란히 이곳에서 모순의 조화, 대립의 결합(coniunctio oppositorum)이라는 아주 오래된 상징이 등장하였다.[176] 그 속에서

---

173) Marti, 앞의 책, S. 132의 적절한 생각.

174) Marti, 앞의 책, S. 132.

175) Adam Müller, Vom Geiste der Gemeinschaft, Kröner Taschenausgabe, 1931, S. 66ff.; Bluntschli, 앞의 책, Bd. 1, S. 24.

최후의 하나됨, 정신과 질료의 결합이 완수된다. 국가적 3위관념은 모순의 조화의 원형에서 보완된다. 이러한 것에 의하여 형식적으로는 3위는 4위로 된다. 그러나 네 번째 것("국민")의 이러한 통합은 종전의 3위정식의 범위 내에서 완수되지 않는다. 그 통합은 새로운 차원을 연다. 그래서 한편으로는 3위일체적으로 구상된 상부구조와 다른 한편으로는 일원적으로 이해된 하부구조 사이에 결정적으로 현격한 차이가 있게 된다. 이러한 현격한 차이를 가교하고 그렇게 함으로써 외견상 상호 배척적인 것을 결합하는 것은 최후의 그리고 최대의 힘드는 일을 의미한다.[177]

이러한 과정이 아마도 매우 분명하게 최종적으로 결정적인 정치과정으로 인식된 것은 다름아닌 미합중국 건국시의 위대한 미국인들에 의해서였다. 성년선고를 받은 국민에 대하여 확고히 조직된 권력균형이 대항함으로써 비로소 안정된 사회질서가 가능하다고 존 아담스 *John Adams*는 그의 "미합중국 정부조직에 대한 방어"(Defense of the Constitutions of Governmenr of the United States)에서 쓰고 있다.[178] 이러한 관점으로부터만 다음과 같은 페더럴리스트의 외견상으로는 모순에 가득찬 명제는 설명될 수 있다. 국민이 모든 지배의 연원이기는 하나, 강한 집단(다수의 국민)이 약한 집단(소수의 국민)을 억압하는 헌법을 국민이 허용한다면 사회상태는 무정부상태일 수

---

176) C. G. Jung, Mysterium Coniunctionis, Bd. I, S. 182.

177) *Marti*는 그 문제를 제시하지만(S. 68), 그러나 그 문제를 미해결로 남긴다.

178) "국민이 투표권을 갖지만 균형이 이루어지지 않은 곳에서는 끊임없이 동요와 혁명 그리고 공포가 있게 될 것이다." Friedrich, 앞의 책, S. 748, 주 17에 따라 재인용.

도 있다.[179] 무차별적인 정치적 기본권력은 심급균형을 평가함에 있어 차별적 원리와 대비된다.[180]

---

179) Federalist, N. 51 S. 267; 또한 Montesquieu, Oeuvres comlètes, I, 1431: "지
배가 감소하는 것이 화가 난 군주보다 덜 가혹하지는 않다"(Une faction qui
domine n'est pas moins terrible qu'un prince en colère) 참조.

180) 그러므로 "권력분립은 민주적 요소에게 가장 이질적"(Martini, Das Ende aller
Sicherheit, S. 60)이라는 이야기는 결코 민주주의에 반대하는 논거가 아니다. 이
러한 견해는 대립적인 것이 의욕되었고 바로 대립적인 것 속에 참된 안전이 있다는
것을 오인하고 있다.

제 5 장

국가지배의 정당화

| A. 정당화문제의 의미 |

(51) "정의가 결여된다면 제국은 거대한 강도집단이 아니고 무엇이 겠는가?"[181] 아우구스티누스의 이 말은 정당화문제의 의미를 분명하게 드러낸다. 오로지 복종자의 이익의 기대와 불이익의 공포에만 근거를 두거나 또는 "익숙해진 작용에 대한 무감각한 습관"[182]에만 근거를 두 는 지배는 영속적일 수도 없고 의미 있는 제도로서 개인의 의식에 인 상을 남길 수도 없을 것이다. "정당화근거"에 의하여 지배체계는 내적 으로 지지되고 인간들에게 법복종요구가 자리잡는 법이다.

자연법으로부터 전향함으로써 정당화문제는 국법이론에서 확고한 자리를 상실하였다. 또한 이곳에서도 보뎅은 오래된 것과 새로운 것의 분기점에 위치하고 있다. 그가 한편으로는 처음에 정립된 그의 정의에 서 오직 "합리적으로 절제된 군중"(ratione moderata multitudo),[183] 이성적 정의와 관련된 사회조직만을 국가로서 관찰하나, 그는 다른 한

---

181) Augustin, Bd. 1, S. 213.
182) Max Weber(Ausgabe Kröner), S. 151.
183) Bodinus, I/1.

편으로는 지배형태에 대한 그의 서술적 설명에서 지배행사에서 정당
성의 결여를 특징으로 하는 "압제적 군주정 내지 귀족정"[184]과 같은 국
가적 권력단위에 대하여 언급한다. 이로써 "정당한"과 "부당한"이라는
대비를 국법으로부터 추방하고 이 문제를 국민의 "정치적 정식"[185]에
대한 문제로서 정치에 위임하는 근대적인 전개가 시작되었다. 물론 정
당화관념 자체는 오늘날의 학문적 국가론에 비밀스럽게 포함되었다.
정당화관념이 그곳에서 몇 번이고 되풀이하여 발현하는 방법을 아래
에서 보일 것이다.

(52) 정치적 구조상의 근본적 이층성 - 한편으로는 일원론적으로
생각된 정치적 기본권력과 다른 한편으로는 삼위일체적 권력조직 - 의
인식은 또한 정당화문제의 의미를 더 분명하게 전면에 부각시키는 것
에도 적절하다. 기본권력에 대비되는 차별화된 규범적 상부구조는 질
서잡힌 국가주권의 제 현상을 상징화한다. 그러한 상부구조가 개인에
게 인상을 남기는 방법으로 그 정당화작용은 수행된다. 그러므로 사람
들은 국가지배의 정당화근거로서 근대국가의 이층적 구조개요에서 삼
위일체적으로 구상된 심급구성에서 출발하는 구상적인 형성력을 이해
할 수 있다. 그와 동시에 물론 제 행정청의 모든 권위를 "국민의 의사"
에 연계시키는 것은 더 이상 외견적인 해결을 의미하지 않는다. 국민
을 "모든 정당한 권력의 마법의 원천"[186]으로 만드는 것은 루소가 국가

---

184) Bodinus, S. 59.
185) Mosca,, 앞의 책, S. 68.
186) Friedrich, 앞의 책, S. 308.

적 법령의 구속성을 "일반의사"에 소급시키는 경우에 사용하는 동일한 술책이다. 제 행정청은, 자신의 권위에 근거를 둘 수 없으면, 자신들이 주장하는 질서요구에 독자적인 정당화가 내재하지 않으면, 명령할 수 없었다.

| B. 막스 베버의 이론에서 정당한 국가지배의 근거 |

(53) 현대의 국가사회학은 세 가지 국가형태이론과 세 개의 권력에 대한 이론에 제3의 3요소를 첨가하였다. 물론 이러한 3요소는 전문학자 집단 외부에서는 이제까지 전혀 주목되지 않았다. 그러므로 그것은 정치적 이상으로 된 분립이론과는 달리 우리의 인식을 깊게 하는 단계로서만 평가된다. 금세기의 가장 의미 있는 사회과학적 업적에 속하는 "정당한 지배의 세 가지 순수유형"에 대한 그의 논문에서 막스 베버 *Max Weber*[187]는 모든 사회적 권위에 대해서는 세 개의 - 그가 강조하는 바대로 오로지 세 개의 - 상이한 정당화근거가 있을 뿐이라는 이론을 전개하였다.[188]

a) 첫 번째 유형의 외적 명령권은 합법적인 지배이다. 복종의무는 일반화된 행위규칙 자체, 즉 그 합리적 합목적성에 의하여 근거지어진, 국가에 의하여 제정된 법률에 관해 적용된다. 그것은 객관성을 의무로

---

187) Weber, S. 151ff.

188) 이에 대하여는 또한 Mosca, S. 68ff.도 참조.

하는 관료에 의하여 담보된다. 관료적 행정체계의 중심개념은 추상적인 "행정청"과 "권한"이다.

b) 두 번째의 "전통적"[189]으로 표현되는 지배유형은 원래 규범과 관련된 것이 아니라 사람과 관련된 것이다. "사람은 그 혈통에 의하여 정당화된 자신의 가치에 의하여 복종된다."[190] 지배는 특권을 사용한다. 그러나 이는 지배자의 권한이 무제한한적이라는 이야기는 아니다. "명령의 내용은 전통에 의하여 제약되며, 지배자가 그 전통을 사려없이 침해하면 지배자 자신의 … 지배의 정당성 자체가 위험해진다."[191] 사회구조는 가부장적·신분적 성격을 갖는다.

c) 정당한 사회적 권위의 세 번째 가능성으로서 막스 베버는 카리스마를 들고 있다. 카리스마적 지배는 구제의 교의(敎義)에 대한 참여, "주님의 인격과 그 사물(賜物)에 애정 어린 귀의"[192]에 근거한다. 추상적이지 않은 권한과 개인적이지 않은 특권이 이 지배체제의 형식상의 구성요소이다. "행동과 모범, 임기응변적 결정"[193]이 사회의 리듬을 규정한다. 지배단체는 공동의 복종에 의한 공유이다. "제도교회"에 반대되는 "원시교회의 카리스마적 조직"을 실제 보기로 들 수 있다.

---

189) 이에 대하여는 또한 Marti, 앞의 책, S. 45: 전통은 권위를 창조한다도 참조.
190) Weber, 앞의 책, S. 155.
191) Weber, 앞의 책, S. 154.
192) Weber, 앞의 책, S. 159.
193) Weber, 앞의 책, S. 160.

C. 정당화근거이론의 계속형성

(54) 막스 베버에 의하여 독창적인 제도로 표현된 그 정당화근거에 따라 차별화된 국가적 지배형태의 상은 - 이미 의식적으로 간결한 논문의 구성이 입증하는 것처럼 - 프로그램 이상의 것으로 이해되어지기를 바랐다. 그러나 그것은 바로 프로그램으로서 오늘날까지 완성되지 않은 채 남아 있다. 특히 국가론은 그로부터 결과되는 다양한 자극을 풍성하게 하고 베버의 유형학에 근거하는 - 그것을 검증하지 않고 인수할 뿐만 아니라 또한 조직적으로 계속형성하는 - 조직론을 구성하는 것을 이해하지 못했다.

세 가지 정당화근거에 대한 이론에 대하여 물론 두 가지 점에서 이의를 제기할 수 있다. 첫 번째로 그 이론은 아마도 지나치게 직접적으로 우리를 거부한다. 그 이론은 무엇인가 새로운 것으로, 무엇인가 타협의 여지없는 전체로 나타나며, 이전의 사상가들과 가교하는 다양한 다리를 거의 인식할 수 없게 만든다. 다음으로, 베버는, 최소한 몇 가지 점에서는, 그의 원칙론을 최종적이고 보편타당하게 표현하는데 이르지 못했다.

(55) 사람들이 막스 베버의 이론을 계속형성하고자 한다면, 우선 엄밀하게 표현하다는 의미에서 베버의 유형학이 - 다른 사람들이 오해하여 생각했던 것처럼 - 지배자와 지배체계를 표현할 뿐만 아니라 또한 그 유형학이 같은 정도로 권력복종자의 상을 규정하고 있다는 것이

강조되어야 할 것이다. 끝으로 그 유형학의 핵심은 사회학적 해석에서 다양한 종류의 인간관계를 찾고자 하는 것일 수도 있다는 점이다. 그 유형학은 본래의 의미에서 관계이론이다. 왜냐하면 "전통적" 지배를 "사람과 관련된" 지배 또는 "전통적이고 사람과 관련된" 지배로, 합법적인 지배를 "합법적·합리적" 지배로 표현하는 것이 아마도 또한 더 적확한 것이기 때문이다. 일반적으로 세 가지 전형적인 권위관계는 다음과 같은 반대쌍에 환원될 수 있다. "규범정립자 - 규범수신자"는 합리적·합법적 지배에, "주인 - 노예"라는 반대명제는 전통적이고 사람과 관련된 지배에, 카리스마적 지배는 "공포자 - 사도"에 상응한다.

(56) 그러나 권위관계가 그것을 기초로 하는 인간관계에 따라 이러한 방식으로 해석되면, 지배유형에 따라 분류된 동렬에 있는 자들 간의 관계가 무시되는 것이 분명하다. 법사회학적으로 이러한 평행관계는 사실상 결코 간과되지 않는다.

a) 합리적 법률지배의 영역에서 상응하는 대등관계는 형식적 평등의 관계에 놓여 있다.[194] 두 개의 주체는 동일한 방법으로 동일한 일반적 규범 하에 있다. 그들의 "관계"는 동일한 합리적 규범구속성이라는 사이에서 끝난다. 인적 관계의 모든 구체적 실체는 이러한 관념적 소여에 희생되고 있다.

---

194) Popper, 앞의 책, S. 137.

b) 전통에 의하여 굳어진 대등형식은 계약에 있다. 행해진 의사표시는 의사표시자를 구속한다는, 즉 공동의 의사표시는 의무를 부과하는 합의를 창출한다는 공리(公理)는 인간의 공동작업의 원초적 관념들 중 하나에 해당한다 할 것이다. 의사표시는 인간들의 담보로 된다. "그것에 스스로 책임지게 함"은 가장 원초적인 개인적 고유가치의 표현이다. 계약은 가장 넓은 의미에서는 인간들의 척도에 따른 법창조이다.

  c) 결국 어떤 방법으로 카리스마가 동렬에 있는 자들의 관계를 형성하느냐는 스콜라 철학의 다음과 같은 명제에 의하여 가장 적절하게 설명된다. "인간의 신에 대한 결합은 인간 자신들 간의 결합이다" (conniunctio hominum cum Deo est conniunctio hominim inter sese). 동렬에 있는 자들 간의 인연은 공동의 가치참여에서 유래한다. 그것은 요구받은 자의 의무선언이나 가시적인 규범정립자의 행위를 필요로 하지 않고 원초적 소여로서 성립한다.

  (57) 세 개의 원칙적 형성가능성을 결합하는 명제가 고전적 국가형태론과 제휴하듯이 또한 정당성의 유형들도 서로 관련된 채 남아 있다. 그 유형들이 다양하게 서로 삼투작용을 일으킬 수 있다는 것을 이미 막스 베버는 몇 가지 예에서 보인 바 있다.[195] 그러나 사람들은 실례를 넘어 이러한 상호결합의 불가피하다는 인식에 도달해야 할 것이다. 합리적인 규범, 구체적 인간의 자기효력과 영도자의 카리스마는

---

195) Weber, 앞의 책, S. 153.

공동체를 형성하는 기본적 소여이다. 그것들에 근거를 가지는 관계형성적 권위주장과 제 소여는 내적으로(in foro interno) 일치한다. 그것들 중 어느 하나도 개별적으로는 인간의 행위를 규정하는 힘을 형성할 수 없다. 그것들은 바로 정반대의 가능성을 나타내며, 그 가능성의 변증법적 결합과 삼투작용으로부터 비로소 현실이 된다. 그러므로 모든 사회조직은 세 개의 서로 교차하는 반대명제들에 의하여 규정되고 있다. "규범정립자 - 규범수신자", "주인과 노예", "공포자와 사도"라는 세 가지 기본관계가 동시에 유효하다.

(58) 근대까지 국가이론에 움직일 수 없는 모범으로 유효했던 고대의 폴리스에서 그리고 그에 못지않게 전형적 로마의 헌법에서 지배의 정당성의 3중적 근원은 - 비록 강조점은 다를 수 있다 하더라도 - 자명한 병존의 형태에서 인식될 수 있다. 신에 의한 법제정의 신화와 신적 의사와 국가작용의 지속적 관련은 카리스마적 권위의 제 요소를 인식하게 해준다.[196] 혈통에게는 한층 넓은, 가지가지의 의식에 의하여 경계가 획정된 영역이 보장되었다. 법의 중요한 부분은 - 로마에서 민법의 핵심부분이 그렇듯이 - 오늘날의 의미에서 제정법이 아니라 관습법이었다. 법(Lex)은 합법적·관료적 지배의 수단으로서 제3자로서 부가되었다. 또한 중세적 법관(法觀)에서도 권위주장의 이러한 3위는 통일체로서 남아 있었다. 법은 "오래된" 것으로서, 즉 전통에 의하여 신성시되었을 뿐만 아니라 또한 "선한" 것(정의롭고 이성적인 것

---

196) Platon, Gesetz, S. 1; J. J. Bachofen, Gesammelte Werke, Bd. I, 1943, S. 268ff.

iuste et rationabiliter)으로서, 즉 신적 질서에 따라 정의롭고 인간적 척도에 따라 이성적인 것이기도 하였다.[197] 영미의 보통법은 이러한 통일체의 생각에서 오늘날 여전히 아주 분명하게 인식될 수 있게 남아 있는 저 영역을 나타낸다. 그러나 또한 우리 스위스국가의 연방적 하층구조도 통일체의 생각을 암시한다.

(59) 과거의 이러한 상(像)에 대하여 현대국가에서는 엄청난 범위에서 비중이 이동하였다. 세 개의 정당성주장의 통일이라는 상은 파괴되었다. 앞으로 보이게 되듯이 세 개의 권위요소 중 하나 - 즉 합법적 · 합리적 동기부여 - 가 전면에 부각되었다. 깨어 있는 공동체 의식에서 합법적 · 합리적 동기부여에만 여지가 인정되었다.[198] 물론 이러한 이동은 다른 정당화근거들의 가치를 평가절하시킬 수 없었다. 가시적인 사회제도들이 - 이른바 동기변화에 의하여[199] - 전적으로 이성적인 근거를 가지게 된 정도로 인간관계의 전통과 인격과 관련되고 카리스마적인 실현에 대한 충족되지 않은 욕구가 다른 공동체형식과 다른 의식단계로 향하였다.

이러한 관점에서 또한 막스 베버의 연구에 있는 새로운 견해를 나타내 보이는 것이 그렇지 않았더라면 실증주의의 부담 하에서 국가에 대한 더 깊은 인식에 거의 기여할 수 없었을 20세기 초에 유보된 채 남아 있었던 이유도 설명될 수 있을 것이다. 하나의 권위유형 - 합법적

---

197) Kern, Recht und Verfassung im Mittelalter, Sonderausgabe, S. 11ff.
198) 아래의 66-71번 참조.
199) Hellpach, 앞의 책, S. 316-18.

인, 법령과 관련된, 합리적인 명령권 -을 강조함으로써 현대인은 권위사상의 성찰되지 않은 통일체를 상실하였다. 이러한 확실한 통일체를 파괴함으로써 비로소 권위의 정당화가 갖는 내적 양극성이 인식되고 문제가 되게 되었다.

| D. 국가형태이론과의 관계 |

(60) 막스 베버의 유형학이 국가형태론과 내적 관련이 없지 않다는 것은 분명하다. 널리 퍼져 있는 견해에서 세 가지 국가형태가 특히 막스 베버의 유형학의 "사회학적 성격"에 따라 구별된다면, 관찰자에게 오직 지배자의 수에 따라 규정되는 유형학은 그 어떤 (우선은 더 자세하게 파악할 수 있도록 가공되지 않은) 지배심리학적 그리고 그와 함께 권위정당화적 차이의 생각과 결합된다. 사람들은 성급하게 판단하여 민주정의 합법적 지배, 귀족정의 전통적 지배 그리고 군주정의 카리스마적으로 정당화된 명령권을 동일시하는 단순한 관찰에 이르는 경향이 있다.

그럼에도 불구하고 두 개의 유형을 이렇게 동일시하는 것은 성급한 것에 그치지 않는다. 그 밖에도 그러한 동일시는 국가의 일반적 구조법칙을 기본적으로 오인하는 결과에 이른다. 우리에게 알려진 민주정이 특히 합리적으로 동기가 부여된다는 것은 확실하다. 마찬가지로 특히 (비록 전적으로는 아니라 하더라도) 신분적·전통적으로 관철된 사회조직은 우리에게 귀족정으로 등장하였다. 끝으로 군주정이 원칙적으로 그 어떤 카리스마적 경향을 띤다는 것은 올바를 수 있다.[200] 그럼에도 불구하고 제 유형을 동일시하는 경향을 가지는 이러한 관찰은 지나치게 현대의 상황에 결합되어 있다. 원칙적으로 두 개의 도식은 병존적으로 존재한다. 물론 두 개의 도식은 내적 불가피성에서 - 바로 초월적인 것을 상징하기 위하여 (그와 동시에 사람들은 아마도 슈미트 *Schmid*의 의미에서 오히려 "거룩함"[201]을 언급하여야 할 것이다) 군주정적 조직을 부름으로써 역사적 경험에 따르면 정점에서 만난다. 그럼에도 불구하고 기초에서는 임의적 유형의 교차를 생각할 수 있다. 스위스에서 특히 긴밀한 국법상의 통일에 커다란 영향을 미친 중세적 단체상은 "전체지배" 또한 전통적으로 정당화될 수 있다는 것을 보여준다. 베버 자신에 의하여 선례로 제시된 원시교회는 어떤 카리스마적으로 규정된 사회조직에 특히 현저히 민주적인 형성원리를 접목한다.

(61) 두 개의 유형의 병존은 몽테스키외에게 있어 "군주정"(monarchie)과 "독재국가"(état despotique)의 기본적 구별[202]에서 명백해진다. 군주정은 몽테스키외의 권위개념에 상응하는, 즉 그의 정당화관념과 합치되는 1인지배이다. 전제정은 이러한 생각에 역행하며 따라서 정당하지 않은 1인지배에 포함된다.[203] 두 개의 구성도식은 보

---

200) 군주정에 대하여는 *Michels*(앞의 책, S. 1)와 현대의 국민투표적 총통국가에 대하여는 *Dürig*(앞의 논문, S. 746) 참조.

201) Schmid, 앞의 책, S. 198.

202) 위의 9번 참조.

203) Monresquieu, II/1; 이에 대하여는 Ausgabe von de la Gressaye, Bd. I S. 34.

뎅의 국가론에서 더욱 철저하게 상호 결합된다.[204] 지배자의 숫자(내지는 주권보유자의 수자)에 따른 계급분류와 함께 그는 정당화문제가 중심적 표지인 분류를 한다. 정당화되지 않는 권력행사(전제군주와 같은 1인지배 또는 다수지배)는 첫 번째 사고과정에서 정당한 지배와 대비된다. 그리고 나서 두 번째 사고과정에서 정당한 지배는 그것이 법률에 기초하고 있는가 여부 또는 주로 지배자들의 사유재산이 지주로서 정당한 지배에 기여하는가 여부(지배)에 따라 나누어진다. 합법적인 명령권과 전통적인 명령권의 구별은 베버의 의미에서는 극히 명백하다. 그렇게 구성된 3위는 끝으로 고전적 국가형태론과 결합되나 물론 전적으로 철저하지는 않다. 상응하는 민주정의 도식화는 행해지지 않는다. 이로써 개요적으로 이중적 삼분법이 완성된다.

(62) 보뎅의 명제를 일반화하면 "1인지배, 엘리트지배, 전체지배"라는 국가형태의 각각은 주로 합리적인(=합법적인), 주로 사람과 관련된(=전통적인) 또는 주로 카리스마적인 형태로 기초될 수 있다. 아리스토텔레스의 3분법은 아마도 일차적으로[205] 사람과 관련된 것으로 이해된다.[206] 아리스토텔레스의 3분법은, "선한" 지배형태가 문제되는 한, 특히 전통적으로 정당화된 권위체제와 관련되어 있다. 아리스토텔레스의 견해에 따르면 이러한 정당화원리의 포기는 지배형태를 "타락된" 반대상으로 만든다. 루소로부터 시작되는 "주권자, 정부, 인민"

---

204) Bodinus, II/4, II/6, 라틴어판 S. 295와 339.
205) 이에 대하여는 물론 Gigon in der Einleitung zu Aristoteles Politik S. 9 참조.
206) Aristoteles, Politik, S. 78, 229, 249.

(souverain, gouvernement, peuple)[207]이라는 3위도식은 하나를 강조하는 반대성격을 갖는다. 그 속에는 고전적 국가형태론의 극도로 합리적인 변화가 있다. 끝으로 주로 카리스마적인 권위관념에서 세 개의 기본형태는 "공포자, 성인, 신자"라는 개념들과 상응한다.

E. 권력분립이론과의 관계

(63) 권력분립이론과 마찬가지로 "1인지배, 엘리트지배 그리고 전체지배"의 세 가지 기본형태를 심급에 따라 분리하는 것이 혼합정부의 사상을 새롭고 구상적으로 완성하는 것을 가능하게 하고 그리고 그럼으로써 그러한 일을 허용하는 것과 마찬가지로 동일한 분립이론은 다양한 정당화사고들을 통합하는 길을 열어준다. 분리된 최종심급의 권력주장에서 상이한 정당화동기가 지배할 수 있다. 그리고 그를 통해서 필연적으로 국가의 차별화된 자체로서 규범적 상부구조 내에서 비교될 수 없는 정당화근거들은 전일성에 결합된다. 내적으로 인간적 영혼의 소여에 상응하는(그리고 아마도 또한 기인하는) 하나의 과정은 외적으로(in foro externo) 그러한 제도적 종합과 함께 수행되기 때문에, 창조된 외적 균형은 단지 인간적 기본관계 내에서 영혼을 파악하는 균형상태의 모사에 불과하기 때문에, 상반되는 정당화사고들의 이러한 결합은 진정한 사회적 안정의 커다란 신비들 중의 하나를 형성한다.

(64) 미합중국의 예는 이러한 결합을 가장 인상적으로 설명할 수

---

207) 위의 9번.

있다. 의회에서는 합리적·목적지향적, 형식적·추상적 법이 제정된다. 오늘날에도 여전히 널리 보통법에 근거를 둔, 오래된 "훌륭한" 법을 발견함으로써 일반적 질서를 형성하는 법관은 결국 전통적 지배유형을 구현한다. 끝으로 대통령직에서 그 카리스마적 경향이 부인되지 않는 지도력은 국민투표적 지반 위에서 표현된다. 권력3위는 상이한 권위관계와 법정당화의 병존을 매우 인상적으로 상징화한다. 이로써 위대한 미국의 공화정은 높은 문화 내에서 수천 년간 지배의 상징들에서 고수된 권위주장의 원래의 통일과 전일성을 유지할 줄 알았다. 미국헌법의 그 자신만의 일회적 안정성은 매우 중요한 의미를 가지는 이러한 역사적 사실에 근거하고 있다.[208]

(65) 따라서 두 개의 상이한 원형은 3개의 권력에 대한 이론과 결합된다. 때로는 후자의 해석이, 때로는 전자의 해석이 강조된다.

a) 권력3위는 본래의 삼위일체로, 즉 합리적 전일성의 표현으로 통할 수 있다. 권력3위는 국가의 정신적 현실의 속성으로 될 수 있다. 유럽대륙적 이론을 가지고 "법제정, 법률집행 그리고 사법"이라는 세 개의 합리적 기능에서 기본소여를 보는 자는 이러한 관찰을 따른다.

b) 그러나 권력3위는 또한 인간적 기본관계의 통합상으로 될 수도 있다. 권력3위는 이중적으로 이러한 의미에서 외면적으로 다층적인 소

---

208) Mosca, 앞의 책, S. 131.

여의 내적 통일을 상징화할 수 있다. 권력3위는 상이한 인간적 의식상황의 공통의 연결 - "1인지배, 다수지배, 전체지배"라는 상들에 의하여 표현되는 - 을 표출할 수 있다. 그러나 권력3위는 또한 합법적인, 전통적인 그리고 카리스마적인 권위의 연결을 구상적으로 나타낼 수도 있다. 세 가지 국가기능의 내적 관계는 양자의 경우에 무의미하게 된다. 그와는 반대로 모든 권력이 자신의 그리고 다른 권력의 시야에서 볼 때 비교할 수 없는 질서원리와 관계원리를 따르는 것이 중요하게 생각된다.[209]

복합적으로 구성된 인간적 공동체를 더욱 깊게 이해하는 것을 그 목표로 하는 사회이론의 관점에서 보면 분리이론의 두 번째 의미가 전면에 부각된다. 이는 또한 개찬(改竄)되지 않은 몽테스키외의 상투적 표현이 사용하는 시각이기도 한다.

| F. 현대국가에서 합리적 지배정당화의 우위 |

Ut olim vitiis sic nunc legibus laboramus
(Tacitus)
예전에 우리가 부담 때문에 고통을 받았듯이 우리는 이제 법률 때문에 고통을 받는다(타키투스)

(66) 현대국가는 성문법에 의하여 표현된, 의식적 국가작용영역을

---

209) Mosca, 앞의 책, S. 121.

보이는 영역에서 합리적 지배정당화를 외부로 돌렸다.[210] 특히 두 가지 소여, 즉 "합법률적인"(즉 일반적·추상적 규정에 의하여 전반을 포괄하는) 행정의 원리에 표현된 일반적 규범의 우위와 일반적 법을 제정하는 입법부의 민주화가 이러한 강조를 표현한다. 두 번째 소여에 의하여 입법자는 "제1의" 권력으로 되기만 한 것은 아니었다. 바로 규범정립의 기능이 민주화되었다는 것은 동시에 시민의식에서 어떤 관념내용이 지배적인 것으로 되었는가를 나타낸다. "일반의지"에 의하여 규정되는 이성적으로 근거지어지고 합리적으로 규범화된 민주주의가 새로운 정치시대의 지도상으로 고양되었다. 이와 함께 국가 내에서 - 그리고 막스 베버가 확인하듯이 또한 경제에서도 - 점점 더 관료제가 확장·형성되었다.

(67) 일반적인 것의 우위, 일반적 규범의 필연적으로 더 높은 가치를 가진다는 생각은 정신사적으로 이중의 연원을 가진다. 하나는 스토아적 그리고 그리스도교적 사고과정에 의하여 심화된 인간평등의 의식에 있다. 그것은 "너의 의지의 격률이 언제라도 동시에 일반적 입법의 원칙으로 될 수 있도록 행동하라"[211]는 정언명령의 표현에까지 계속된다. 다른 하나는 자연과학적 인식의 갑작스런 등장에 의하여 촉진된 상관상수의 진리내용에 대한 생각이다. 평등관념은 결코 합리적인

---

210) 치체로*Cicero*의 말을 변화시켜 "법전으로 유형화된 의지는 마치 시민왕처럼 말하고 명령한다"(animus corpori diciter imperare ut rex civibus)라 말할 수 있다. 이에 대하여는 또한 Marti, 앞의 책, S. 45ff.도 참조.
211) Kant, Bd. V, S. 141.

생각에서 시작된 것이 아님은 확실하다. 그것은 선험적인 기원을 가진다. 그러나 그것이 자연과학적 인식의 영향을 받은 법률개념과 결합되면서 이러한 카리스마적 요소는 억제되고 주로 합리적인 동기에 의하여 교체되었다. 몽테스키외는 이러한 추이를 분명하게 인식하게 한다. 법률은 그에게(법률이란 단어가 독일어에서도 내보이는 이중적 의미에 상응하여) 우선 규칙적인 것과 필연적인 것의 총괄 자체였다. "법의 정신"의 첫 번째 문장은 다음과 같다. "법률은 가장 넓은 의미에서 사물의 본질에서 유래하는 필연적인 관계이다"(Les lois, dans la signification la plus étendue, sont les rapports nécessaires qui dérivant de la nature des choses).[212] 가중된 규칙성은 진리의 시금석으로 된다. 이러한 것으로부터 사회적 공동체 내에서 바로 수학적 필연성으로부터 정의의 명령을 발견할 수 있는 희망 - 그리고 이와 함께 법률개념의 두 가지 연원이 상호 결합된다 - 이 성립된다.[213] "정의나 불의가 없다고 말하는 것이나 긍정적인 법률들이 지배하거나 변호하는 것에 대해 말하는 것은, 우리가 원을 그리기 전부터 모든 반지름이 똑같지 않았다고 말하는 것이다"(Dire qu'il n'y a rien de juste ou d'injuste que ce qu'ordonnent ou défendent les lois positives, c'est dire qu'avant qu'on eût tracé de cercle tous les rayons

---

212) Montesquieu, I/1.

213) 그러므로 *de la Gressaye*(Montesquieu-Ausgabe I/16)는 정당하게 다음과 같이 기술하고 있다: *Montesquieu* "법률들을 마치 그 안에서 원인들을 찾아야만 하는 사실들처럼 다루라"(traite les lois comme des faits don't il faut retrouver les causes).

n'étaent pas égaux).[214]

　(68) 그럼에도 불구하고 루소[215]와는 달리 몽테스키외 자신은 일반적인 것의 지배를 의무적 지도상으로 생각하지 않았다. 근대 국가사상가 가운데 어느 누구도 - 그리고 페더럴리스트의 저자들도 이 점에서는 그를 따르고 있다[216] - 합리적인 합목적성의 근거에 따라 제정된 법, 즉 공허한, 보편적인 명령이 권위를 주장하는 데 대하여 제한을 하여야 한다는 것을 바로 몽테스키외와 같이 매우 신중하게 고려하지 않았다. 자주 사람들은 몽테스키외가 근대의 대국가를 위하여 추천한 조직형태가 민주주의가 아니라 한편으로는 민주적이고 다른 한편으로는 신분이 관철된 군주정이라는 사실을 망각하고 있다. 몽테스키외의 불신 - 그리고 다시금 이곳에서도 페더럴리스는 몽테스키외를 따르고 있다[217] - 은 주로 입법자에 대한 것이고 항간의 견해가 생각하는 것과는 달리 정부에 대한 것은 아니다.[218] 특히 입법자는 의당 제도적 평형추에 의하여, 즉 중간권력(pouvoir intermédiaires)의 확고한 망을 유

---

214) Montesquieu, I/1.

215) Rousseau, Cap. VI, S. 259: "제 법률의 목적은 늘 보편적이다"(L'objet des lois est toujours général).

216) 미합중국에서는 사람이 아니라 법률이 통치한다는 정식(Keller, 앞의 책, S. 50)은 진실의 일면에만 타당하다.

217) Federalist, Nr. 48 S. 253/54; 또한 S. 317도 참조: "입법자의 과도한 열의에 우리의 지배체제가 가장 경도하는 폐해가 있다."

218) Montesquieu, XI/6: "본질에 따른 제한을 받지 않는 집행에 제한을 두는 것은 무용지물이다"(L'exécution ayant ses limites par sa nature il est inutille de la borner).

지함으로써,[219] 행정부의 법률안거부권에 의하여 그리고 끝으로 규칙제정권을 완화할 권한을 가진 엘리트[220]가 있는 양원제[221]에 의하여 구속되어야 한다.

(69) 이러한 제도적 보장 가운데서 양원제가 가장 효과적인 것으로 입증되었다. 양원제에는 원래 신분적 제도가 변형되어 2인지배라는 - 이중왕권 내지는 로마 집정관권력의 이중성이라는 - 대단히 오래된 사고가 새로운 형태로 표현되고 있다. 근대국가에서 입법자가 이러한 제도적 중복을 경험한 것은 누구에게 최종적 지배를 주기로 했는지를 볼 수 있게 해준다. 양원제에는 긍정에 대한 부정의 우위가 제도화되어 있다. 적극적인 활동을 하기 위해서는 양원의 동의가 필요하다. 어느 한 원의 부정은 양원의 부정과 같다. 차등적인 의식화라는 사고는 두드러진 차이를 만들어냄으로써 더 분명하게 실현될 수 없었을 것이다. 그러나 동시에 양원제는 이중대표, 즉 상이한 권위원리들의 통합을 가능하게 한다. 이러한 의미에서 스위스 국가에서 스위스 전주(全州)회의는 특히 스위스적 전통을 대표한다. 스위스적인 것과 우리의

---

219) Montesquieu, II/4.

220) Montesquieu, XI/6. 귀족원과 관련하여: "그 자신을 위해 법률을 완화하는 것은 최고권력에 있다"(C'est á son autorité supréme á modérer la loi en faveur de la loi même).

221) Montesquieu, XI/6: "입법기관은 두 부분으로 구성되어 있는데, 서로 견제를 통해 하나가 다른 하나를 구속할 수 있다. 양자는 행정권에 의해 연결되어 있다"(Le corps législatif y étant composé de deux parties, l'une enchênera l'autre par sa faculté mutuelle d'empêcher. Toutes les deux seront liés par la puissance exécutrice).

원래의 국가상을 계속해서 허용되는 정치적 중심사상으로 존속하도록 하는 모든 것은 오늘날 연방적인 것의, 더 정확하게 이야기한다면, 제휴적·동맹적인 것의 이념과 결합된다.[222]

(70) 이러한 언급은 물 위에서 유영하는 공(球)의 비교상은 이곳에서도 옳다는 것을 가리켜준다. 합리적이고 법령과 관련된 권위에 대한 믿음이 우세함에도 불구하고 그 밖의 정당화근거들은 계속해서 효력을 가진다. 그러나 그러한 정당화근거들의 작용은 전면에서가 아니라 실제적 의미에서 "수면 하에서" 이루어진다. 그러한 작용은 한편으로는 남겨진 법질서의 특수영역에 한정되어 있다. 예컨대 "특별권력관계"[223]와 "행정법상의 계약"[224]은 전통적 법관(法觀)에 의하여 채워진 그리고 바로 그 때문에 합리적·규범적 질서 내에서 이물(異物)로 되어진 형상으로 생각된다. 다른 한편으로는 반대원리들은 법외적 생각의 영역으로 추방된다. 그래서 규범적인 것 속에서 지배적인 삼위일체적 3위는 아마도 한편으로는 국법의 합리적 지향을 암시한다. 그러나 다른 한편으로는 그러한 지향에서 초월적인 것의 상이 열린다. 이로써 3위의 행정청은 - 묵시적이고 더 예감적으로만 - 동시에 물론 점점 더 사라져가는 카리스마적 권위에 대한 믿음의 원천으로 된다. 근대국가론의 또 다른 합리적으로 표현된 기본적 생각, 즉 사회계약사상, 현존

---

222) Schmid, 앞의 책, S. 38; 또한 Weilenmann, Pax Helvetica, 1951도 참조.

223) 이에 대하여는 Veröffentlichungen der Vereinigung der deutschen Staatsrech-
    tslehrer, Heft 15, 1957.

224) Imboden, Der verwaltungsrechtliche Vertrag, 1958.

질서의 전통적·인간적 정당화에 대한 가교도 마찬가지이다. 시민의 "동의"를 관념적으로 가정함으로써 시민에게는 전적으로 다른 방향의 권위에 대한 믿음과 상응하는 행동이 요구된다.[225] 몽테스키외는 그의 매우 놀라운 경구에 의하여 이러한 생각의 원래의, 합리적으로 근거지을 수 없는 동기부여력을 언급하였다. "신하들에게 그들의 왕자에게 복종하라고 말하십시오. 왜냐하면 종교와 법률이 그를 지배하기 때문이며, 당신은 냉정한 사람들을 찾기 때문입니다. 그들에게 왕자에게 약속했기 때문에 그에게 충성스러워야 한다고 말하십시오. 그러면 이가 작동하는 것을 보게 될 것입니다"(Dites à des sujets qu'ils doivent obéir à leur prince, par ce que la religion et les lois l'ordonnent, vous trouvez des gens froids. Dites leur qu'ils doivent lui être fidèles, par ce qu'ils le lui ont promis, et vous les verrez s'animer).[226]

(71) 그럼에도 불구하고 모든 사정이 근대국가의 - 성문의, 어느 정도까지 의식적인 헌법의 - 매우 명료한 질서층에서 특히, 경향적으로 심지어 배타적으로, 합리적 법률지배의 원리가 강조된다는 것을 무시할 수 없도록 한다. 요구되는 "누구든지 결정"에 따르라는 원리에 의

---

225) H. Bergson, Les deux sources de la morale et de la religio, S. 16 참조: "그러나 우리가 의무로 되돌아가는 것이 이성적인 방법에 의해서라는 것은 의무가 이성적 질서에 의한 것이라는 것을 뜻하지 않는다"(Mais de ce que c'est par des voies rationnelles qu'on revient à l'obligation, il ne suit pas que l'obligation ait été d'ordre rationnel).

226) Montesquieu, Pensées, Nr. 219, Oeuvres compètes, Bd. II, S. 1044.

하여,[227] 평등한 추상적 법률(아리스토텔레스는 이를 "목표 없는 이성"[228]으로 표현한다)에 누구든지 복종함으로써 전통적이고 인간과 관련된 지배의 제 요소는 평가절하되고 배제된다. 한스 후버*Hans Huber*가 표현하였듯이 "인간 상호간의 관계에서 가치관력적 규범"[229]이 분해된다. 그러나 동시에 근대국가는 그의 중점적인 질서층에서 어떤 것도 초월하지 않는 권위를 추구한다. 합리적 규범주의는 지주적 의식으로 고양된다. 이성적인 것과 합목적적인 것의 척도는 모든 것을 압도하는 우월적인 것으로 된다. 그곳에 대표사상의 위기에 대한 이유들 중의 하나가 있다. 타인을 위하여 행동할 권한이 있는 엘리트에게는 단지 "이해관계 대표"를 합리적으로 정당화하는 일만이 남는다.

---

227) 이에 대하여는 Aristoteles, Politik, S. 249.

228) Aristoteles, Politik, S. 160.

229) Hans Huber, Staat und Verbände, 1958, S. 3.

| 제6장 |

부분공동체와 보편공동체

| A. 열린 사회와 닫힌 사회 |

(72) 그의 말년의 저작 "도덕과 종교의 두 가지 기원"(Les deux sources de la morale et de la religion)에서 앙리 베르그송*Henri Bergson*은 그에게 근본적인 반대명제에서 "닫힌 사회"(Société close)와 "열린 사회"(Société ouverte)[230]를 대립시킨다.[231] 전자가 인간의 집단본능에 의하여 유지되는, 내부에서 개인의 숙고되지 않은 편입에 의하여 결합된, 외부에 대하여 방어와 공격의 준비가 되어 있고 그 목표에서 단순한 수호를 지향하는 사회적 단위를 나타낸다면,[232] 후자는 그와 반대로 전체로서의 인류를 지향하는, 자유롭게 발현하는 인간의 힘을 조장하고 모든 외적 한계를 뛰어넘고자 노력하는 공동체를 나타낸다.[233] 두 개의 사회형태 사이에는 "도시"(Cité)와 "인류"(Humanité)

---

230) 이 개념들은 많은 점에서 사회학에서 널리 퍼져 있는 "공동사회"와 "이익사회"의 분리에 해당한다(이에 대하여는 Schilling, 앞의 책, S. 56/57).

231) Bergson, Ausgabe 1934, S. 56ff., 287ff.

232) Bergson, 앞의 책, S. 287.

233) Bergson, 앞의 책, S. 288.

라는 개념들 사이에서와 같이 간격이 벌어져 있다.[234]

(73) 베르그송적 관찰의 - 그에게 고유한 철학적 건축으로부터 일단 분리된 - 기원은 (꽁트*Comte*[235])에 있어서의 직접적인 전형을 도외시한다면) 1000년이나 오래된 이론에 있다. 이미 아우구스티누스는 "가정, 국가, 지구"라는 세 개의 영역에서 공동체형성의 세 가지 범주를 인식하고 있다.[236] 베르그송에 의하여 두 개의 공동체유형을 구별한 것이 가져온 세계적 성공은 특히 두 가지 요인에 근거하고 있다. 우선, 그의 이론은 현대인들에게 더욱 더 그들이 그들의 기반에서 자연과학의 관념세계에 대하여 가교한 것처럼 간주할 수 있게 하였다. 다음으로, 그의 이론은 현대 법이론에서 중심적 문제로 된 존재와 당위 간의 반대명제에 대한 새로운 전망을 가능하게 한다. 포퍼*Popper*에 의하여 "소박한 일원주의"로 표현된 태도는 닫힌 사회와 일치한다. "너는 의당 하여야 한다"는 존재합치적인 소여와 조화를 이룬다. 사실적 과정에서 변화하지 않는 것은 규범적인 것의 세계에서 강제하는 것을 나타내며, 규범적 법률은 자연법칙의 비중을 가진다.[237] 열린 사회가 비로소 사회와 개인의 모순가능성을 인식한다. 이와 함께 인간은 "비판적 이원주의"로 나아간다.[238] 존재와 당위는 해결할 수 없는 모순으로 될

---

234) "닫힌 사회와 열린 사회에서, 도시에서 인류까지 우리는 절대 확장의 방식으로 이행하지 않을 것이다"(De la Société close et la Société ouverte, de la Cité à l'humanté on ne passera jamais par voie d'élargissement).

235) A. Comte, Die Soziologie, Kröner-Verlag, 1933, S. 206ff.

236) Augustin, Bd. II S. 544.

237) Popper, 앞의 책, S. 94.

수 있다. 명령된 것은 자연적으로 주어진 것에 대항한다. 이러한 간격으로부터 열린 사회가 주체가 되고 열린 사회가 "수백만을 껴안는다"는 의미에서 모든 집단적인 편견을 파괴하고 초월하는, "오직 인류만을"[239] 조망하는 감동적인 긴장이 생겨난다.

B. 집단외적 투영

(74) 개인이 닫힌 사회의 영역에서 그를 포함하는 사회체와 처하여 있는 조화는 사람들이 "집단외적 투영"으로 표현할 수 있는 기본적인 현상을 동반한다. 인간들에게 동료인간들과 자기 집단의 제 목표와는 반대로 가질 수 있는 모든 관념내용은 무의식 속에 억류되고 그 잠재의식 상태에 정착하기 위하여 외부로 투영된다. 그와 동시에 전이의 목표는 집단 외부에 있는 반대집단이다. 자신의 집단에서 허용되지 않는 생각으로 설 자리가 없는 것은 부정적인 가치평가와 함께 다른 사회 단위에 전이된다. "이질적인 것"은 "적대적인 것"으로, 즉 악한 것의 총괄개념으로 된다. 이러한 원초적인, 합리적으로 설명할 수 없는 "친구-적 관계"[240]에 의하여 자신의 집단관련성의 자명성은 간격을 심화하는 대가로 외부에 대하여 유지된다. 까다로운 문제는 일단 거부되었다. 이질적인 집단에 대하여 집단의 구성원들을 부정적으로 투영하

---

238) Popper, 앞의 책, S. 95.
239) Comte, 앞의 책, S. 512.
240) C. Schmitt, 앞의 책, S. 361.

는 것은 의식적인 자의를 대신하고 본래의 의미에서 개인들을 "집단"으로 결합한다.[241]

(75) 이러한 과정의 예는 현대인들에게는 특별한 언급과 설명을 필요로 하기에는 지나치게 직접적으로 목전에 있다. 현대인들은 경쟁적인 국내적 단위들의 대립이라는 건전한 사례에서부터 국민국가시대의 국가 간의 긴장관계를 거쳐 오늘날의 동서대립에 이르고 있다. 이미 디트리히 쉰들러*Dietrich Schindler*[242]는 부정적인 집단외적 본보기는 그의 대극성을 의식적으로 긍정하는 사회체와 마찬가지로 집단의 보충구조를 표현한다는 것을 확증하였다. 동구의 인민민주주의국가들이 그들의 선전자들의 생각에서 그들의 존립을 주로 부정적으로 평가되는 "서구적" 사회질서의 소위 유망한 반대상으로 자칭함으로써 근거짓는다면, 그로써 근본적으로 그들은 자체 내에서 견지할 수 없는 극단적 해결책을 실현한 것이 명백해진다. "이러한 반대입장의 부존재는 볼셰비즘을 전적으로 변질시킬지도 모른다."[243] 그러므로 바로 단순한 반대명제에서 살지 않고 자체 내에서 균형과 자체 내에서 근거를 허용하는 실체를 조장하고 확대하는 것은 서구의 사활이 걸린 문제이다. 또한 집단외적 소여에 대하여 "다른 것"인 생각에 의하여 이러한 외부적 극에 대한 해결할 수 없는 관련은 긍정된다. 그럼에도 불구하고 투영은 분열된, 자신의 집단으로부터 추방되고 외부로 추방된 관념

---

241) S. Freud, Massenpsychologie, 앞의 책, S. 87.

242) Schindler, 앞의 책, S. 73ff.

243) Schindler, 앞의 책, S. 74/75.

내용을 의식적으로 통합하는 것을 방해한다. 투영은 무의식 단계에 억류하는 작용을 한다.

물론 부정적인 보기에 대한 금기는 몇 번이고 되풀이하여 인간의 의식에 의하여 배척된다. 추방된 이질적인 것은 몇 번이고 되풀이하여 고향으로 돌아오는 길을 발견한다. 물론 이러한 과정, 추방된 것의 진리성에 대한 지식은 자신의 집단과의 대결에 의하여 획득된다. 그럼에도 불구하고 인식하는 자에게는 이러한 집단적 울타리를 뛰어넘는 것은 해방적 행위로 된다. 확장되는 지평의 감각에서 전체로서의 인류는 파악할 수 있는 것으로 되는 관계점으로 된다. "열린 사회"의 의식으로의 도약이 완결된 것이다.

(76) 이러한 의미에서 열린 사회와 닫힌 사회는 국법적인 성격의 또는 사회학적 성격의 현실이 아니다.[244] 오히려 열린 사회와 닫힌 사회는 집단에 대하여 정반대의 의식상황을, 즉 한편으로는 관습적인 것에 소박하고 일원론적으로 편입되는 것, 집단적 인간들을 무조건적으로 복종시키는 것을, 그리고 다른 한편으로는 선입견과의 비판적이고 이원론적인 대결, 스스로를 세계시민으로 느끼는 자의 관점으로 시각을 확대하는 것을 나타낸다.

(77) 그에 의하여 연방건설을 위하여 주어진 동기부여가 오인될 수

---

244) 어떤 국가도 단지 닫힌 사회일 수만은 없다. "전적으로 동일한 것으로부터는 어떤 국가도 성립하지 않는다."(Aristoteles, Politik, S. 83); 또한 Platon, Gesetze, S. 92도 참조.

없게 보편국가적 성격을 내보이는 것은 페더럴리스트의 괄목할만한 경향 중의 하나이다.[245] 중재권력으로서 "새로운 조직"이 편견에 사로잡혀 있는 집단들과 전래의 국가공동체들 위에 수립되어야 한다. 새로운 조직에게 요망되는 것은 넓은 영역에서 집단이익들을 반드시 충족시키는 것뿐만 아니라 또한 종전의 연방분립주의를 명확하게 간파하는 것이다. 그러므로 부분적인 공동체를 강조하는 것과 보편적인 공동체를 주장하는 것의 대립은 전적으로 닫힌 사회와 열린 사회의 대립을 재연출하고 있다. 이로써 근대국가가 추구하는, 의식상황의 이러한 간격을 건설적으로 가교하는 윤곽이 표시되었다.

C. 국가조직의 다단계성

(78) 몽테스키외[246]는 - 이는 지나치게 망각된 것인데 - 권력분리에 인상깊은 동기를 부여하면서 똑같이 연방국가에 인상적인 의미를 부여하였다. 그는 "내부에서의 자유와 외부에 대한 강력함"을 이러한 국가결합의 기본정식으로 표현한다. 긴밀한 공동체들이 강력한 "국가"의 보호 하에 있는 한, 결합은 소국가 내의 자유민주적 질서의 유지를 가능하게 한다.

이러한 설명은 - 이러한 것이 전통적 국가론의 논증방식과 일치하듯이 - 외적 권력역학의 단계에 머물러 있기는 하다. 이에 따르면 연방

---

245) Federalist, Nr. 15.
246) Montesquieu, IX/1.

조직이 가지는 아주 정당하게 인식된 사회적 응집력의 현상을, 결합하게 되면 더 커다란 힘을 가지게 된다는 말로써 설명되는 것으로 간주한다. 그와 동시에 이곳에서 내친 김에 이야기되어야 하는 것은 실행된 기계론적 생각이 실제로는 권력분리의 통례적인 근거제시에 내재하는 것과는 정반대의 생각이라는 것이다. 즉 이곳에서(권력분리이론의 영역에서) 조직의 분리는 권력제약적인 작용을 하는 반면, 그곳에서(연방국가 내부에서) 기관의 분리는 외부에 대한 권력발현에 저해요인으로 관찰되지 않는다. 그럼에도 불구하고 사람들이 이러한 권력역학적 해석의 불충분성을 무시한다면, 몽테스키외의 설명이 연방국가적 조직형식의 상반감정의 병존적 성격을 시인하게 된다. 자유민주적으로 구성되어 있고 그리고 그러한 한에서 사회관계의 더 높은 의식수준의 상태를 포함하는 작은 공동체들과는 반대로, 연방은 그 전체성에서 그의 고유한 가치를 강조함으로써 다른 국가들에 대하여 대립하고 그리고 그와 더불어 국가주의의 투쟁의 감정적 차원에서 성공적으로 운동할 수 있는 "국가"로 이해된다. 사람들은 스위스연방헌법의 동의나 그와 관련된 헌법제정시의 선언[247]을 예로 든다! "동맹국들의 맹약을 확고하게 하는 것"이 헌법의 첫 번째 목표설정으로 표현되고 있다. 이는 수백 년된 연방사상의 순수한 표현이다. 그와 함께 두 번째의 목표설정은 "스위스국가의 통일, 힘 그리고 명예를 유지하고 증진하는 것"을 유별나게 강조하고 있다. 전문(前文)의 이 구성부분은 19세기에 모든 형성중인 국가주의적 대국가의 헌법에는 아마도 기재되어 있을

---

247) Bericht der Revisionskommission der Tagssatzung vom 8. April 1848, S. 9.

것이다.

(79) 따라서 연방국가적 조직형식은 긴밀한 통일의 영역 내에서 국제관계에서 가능한 최대한의 공동체형성을 집단외적 투영의 일반적 척도와 결합하는 것을 허용한다. 그럼에도 불구하고 그러한 것에서 연방질서의 의미는 끝나지 않는다. 단위국가들도 특정 정도로 동일한 알력을 보일 수 있다. 국내 관계(이른바 "국내공동체")의 상대적으로 진전된 해명은 - 강의에서 들고 있는 예와 같이(ut exempla docent) - 감정적·무의식적으로 발생된 대외관계의 유지를 배제하지 않는다. 연방조직은 범위가 좁은 내적 공동체가 우선 단지 범위가 넓은 내적 공동체의 구성원에 지나지 않는다는 사실에 의해 이러한 가능성을 더 크게 한다. 가장 작은 국법상의 단위 자체도 항상 색이 바랜 집단외적 투영의 나머지현상을 동반한다. 국가뿐만 아니라 교회도 경쟁적 사회체의 상징으로 될 수 있다. 그럼에도 불구하고 연방국가에서는 이러한 지방분권적 특색, 가장 가까이에 있는 공동체에 대한 이러한 관련성은 연방의 보편적 방향정립에 의하여, 즉 소집단들을 가시적으로 만드는 제 제약에 의하여 균형을 이루게 된다. 집단적인 독점의 표명은 연방차원에서 저해적 요소로 작용하고 그 자체로서 거부된다. 동요상승적인 집단외적 투영과 억제적인 연방의 기대충족과정의 동요를 가져온다.

(80) 이러한 과정은 사회조직을 위하여 중요한 의미를 가진다. 이러한 과정은 일단 습득된 의식상황을 유지하고 점진적으로 확장할 수 있게 한다. 항상 현존의 반동적 경향이 모든 다른 의식요소들을 그것

들을 흡수하는 소용돌이 속으로 끌어들이는 것, 집단적 무의식이 습득된 의식상태를 앞지르는 것은 모든 1단계로 정리된 사회체의 위험이다. 그 단순성과 그 원초적 권력에서 거의 과대평가할 수 없는 "밝혀진" 20세기로의 국가주의적 침입을 이러한 관점으로부터는 달리 이해할 수 없다. 이러한 모든 과정은 심지어 무비판적인 세상에 대하여 "논리" 그 자체의 숙명적인 논거를 가진다. 이러한 모든 과정은 일상적으로 집단 내부에서 그리고 집단들 사이에서 무의식적 투영의 차원에서 진행되는 것으로부터 어떻게 해서든지 "진지함"을 만들어낸다. 이러한 모든 과정은 끝까지 진행된다.

통상적인 권력역학적 생각을 따르는 관찰에서는 사람들은 연방구조가 흡수적 반동에 대해서 "방파제"로 작용한다는 표현방법을 사용하여야 할지도 모른다. 그럼에도 불구하고 이러한 묘사는 바로 결정적인 소여를 변조하고 있다. 연방국가는 의식 자체에 더 커다란 영역을 인정하고 있기 때문에, 연방국가는 어느 정도까지 긴급상태에서 활동하는 예비의식을 마음대로 사용하고 있기 때문에, 연방국가는 사회관계에서 무의식적 상황에 대처할 더 커다란 저항력을 보유하고 있지 않다. 오히려 결정적인 것은 연방국가가 의식적으로 인식된 것과 무의식적으로 구상적인 것의 대립적 양극에 똑같이 여지를 부여하고 있다는 데 있다. 사람들은 연방국가의 커다란 안정성을 보증하는 것은 연방국가의 정치적 관념내용이 가지는 원칙적 "비논리"라고 말할 수 있을런지도 모른다. 연방국가는 그 안에 닫힌 사회와 열린 사회를 결합한다. 지방분권적 세력과 보편주의적 세력은 공존적으로 작용한다. 양 세력은 지속적으로 상호 협조한다. 이러한 결코 중단되지 않는 상호 협조의 절차는 의식상황의 지속적인 발전을 가능하게 할 것이다. 날마다 균형이 이루어지는 곳에서는 파멸적인 경악스런 운동에 이르는 어떠한 결손도 발생할 수 없다.

(81) 그럼에도 불구하고 연방적인 것은 연방국가적 조직형태에 구속되어 남아있지 않는다. 지방분권도 지방차원에서 동일한 의미에서 작용한다. 아마도 이곳에서는 뜻하는 대비작용이 훨씬 더 강하다. 다단계적 국내적 하부구조의 경우 - 스위스에서는 연방 하에 두 단계가 원칙이나, 심한 경우에는 네 단계가 원칙을 이룬다[248] - 서로 대립적인, 다양한 방법으로 교차하고 교체하는 의식적·무의식적 관념내용들에 더 풍부하게 적용하는 것이 가능하다. 가톨릭 사회이론이 중첩적인 단위들의 관계에 보충성의 원리[249]를 요구한다면, 그것은 그렇게 함으로써 이곳에서 따르는 관찰과 전적으로 일치하는 인식을 표현하는 것이다. 어떻든 사회적 세력범위를 획득하려고 노력하는 의식성은 의식하게 된 인간집단에게 - 그리고 의식화의 기회는 단위의 긴밀함과 함께 성장한다 - 또한 법적 의미에서 "지배할" 권리를 부여한다.

| D. 연방구성국들의 정치적 동질성 |

(82) 연방구성국들 사이에 특정의 정치적 동질성, 근본이 되는 형

---

248) 따라서 그라우뷘덴*Graubünden*주에서는 주, 군, 면, 리가 있다.
249) Süstehenn, Festschrift H. Nawiasky, 1956, S. 141ff. 참조.

성원리들에서 모종의 동의가 성립한다는 것이 정당하게도 모든 연방
국가의 기본적인 사회학적 · 정치적 구성원리로 인식되었다.[250] 이러한
의미에서 구성국들에게 특정의, 항상 중앙국가의 형식에 근접한 조직
도식을 - 스위스에서는 헌법률제정과 관련하여 국민투표적 민주주의
를,[251] 미합중국에서는 공화국을,[252] 독일연방공화국에서는 법치국가
적 · 사회적 대의민주주의를[253] - 취할 의무를 부과하는 수많은 연방헌
법에 포함된 규정들은 이러한 국가결합의 본질로부터 추론된다. 또한
이곳에서도 권력역학적 설명은 저절로 기대되지 않는다. 단지 조직원
리의 이러한 동일만이 모든 연방적대적(어느 정도 "원심적인") 세력들
을 저지할 수 있도록 연방에 필요한 간섭가능성을 부여한다고 설명된
다.

(83) 분명한 결과에 도달하기 위하여 사람들은 "정치적 동질성"으
로 표현된 현상의 두 가지 측면을 구별하여야 할 것이다.

a) 우선, 구성국들은 서로 그들의 형성형식이 근접하도록 하여야
한다. 이러한 수평적 규격통일의 의미는 분명하다. 그러한 규격통일은
연방구성국 상호간의 관계에서 집단외적 투영의 기회를 감소시킨다.
본질적으로 분명한 힘으로 무장된 관계에서 내부집단과 동일하게 구

---

250) G. Gasteyger, Die politische Homogenität als Faktor der Föderation, ZüDiss.
    1954.
251) 연방헌법 제6조 제2항 c.
252) 합중국헌법 제4조 제3항.
253) 본 기본법 제28조 제1항.

성된 외부단위는 결코 극단적인 의미에서 부정적인 평가를 받는 "타자"로 될 수 없다.

b) 그렇게 되면 연방구성국들의 형성형식이 연방의 형성형식에 근접하려는 노력이 시도된다. 사람들은 아마도 "근접"보다 의식적인 "최소수준"에 대한 의무에 대하여 이야기할지도 모른다. 좁은 법역(法域) 내에서 연방에서 달성된 민주화와 자유화의 정도 - 어느 정도까지는 의식수준을 가리키는 과정 - 는 구성국들에서도 유지되어야 한다. 이와는 반대로 연방구성국들의 더 진전된 민주화가 방해를 받지는 않으며, 심지어 이러한 현상은 보통의 경향으로 전제된다.[254] 왜냐하면 그러한 현상은 또한 모든 전형적인 연방국가에서 현실이 되었기 때문이다. 이러한 형식법적 규정에 의하여 사회의 의식전개에 상응하는 구조화는 보증된다. 일반적으로 집단적 관계의 의식적인 해명의 과정 - 이에 대하여는 다시 이야기할 것이다[255] - 은 상향적 절차에서만, 즉 좁은 공동체로부터 해명하는 통찰을 고양시킴으로써만 가능할 수 있다.

---

254) 스위스의 지방자치단체와 관련해서는 Imboden, Verwaltungsarchiv, Bd. 48(1957), S. 341ff. 참조.
255) 아래의 88번과 96번 참조.

제7장

국가형태이론의 제 요소

| A. 문제제기 |

(84) 한편으로는 현대의 우연한 정치적 이율배반에 빠지지 않고 국가구조에 대하여 본질적인 것을 말할 수 있고, 다른 한편으로는 국가조직의 복잡한 구조를 완전하게 파악하고자 하는 국가형태론은 특히 다음과 같은 근본적인 문제들을 토론하여야 할 것이다.

a) 우선, 어떤 구성층들이 형태론 일반에 대하여 본질적인 것으로 관찰되는가를 방법론적으로 규정하여야 할 것이다(아래의 B 참조). 유형론만이 관찰될 수 있는가, 아니면 주로 국법적 소여에 의존할 수 있는가("현실적 법관찰"[256]), 그것도 아니면 법적인 것 외에 동반되어 나타나는 질서세력들을 함께 관찰에 끌어들일 수 있는가?

b) 그리고 난 후에는 현대국가의 다양한 조직적 분리(영역적 · 연방적 구성의 다단계성, 동일한 국법적 단위 내에서의 권력다원주의의 성

---

256) Dürig, 앞의 논문, S. 743.

립)와 관련하여 이러한 다양한 구성들이 어느 범위에서 유형학에 본질적인 것으로 나타나는가가 해명되어야 할 것이다(아래의 C).

c) 셋째로 "1인지배, 엘리트지배, 전체지배"라는 고전적 삼분법이 계속해서 유용한 구별척도로 사용될 수 있는가 여부의 문제가 제기된다(아래의 D 참조).

d) 다양한 권위정당화에 대한 인식은 구체적인 국가형태의 성격을 묘사함에 있어 상이한 정당화유형들을 과연 그리고 어느 범위까지 고려해야 하는가라는 문제를 제기한다(아래의 E 참조).

e) 사회구조의 다단계성과 사회구조의 다양한 구성에서 출발할 때, 국가의 성격을 통일적으로 묘사하는 것이 불가능하지 않다 하더라도 지극히 어려운 것으로 입증된다. 오히려 다양한 구조판단 내에서 중량분배를 하나하나 보여야 할 것이다. 이로써 구체적인 사회조직에 대하여 탄력성 있는 전체공식을 발견할 기회는 사라진다. 체계화하는 인간오성은 이러한 결과에 만족하기 어렵다. 그래서 마지막으로 유용한 접근의 영역에서 그 구조적 형성이 특히 전체 국가조직의 방향정립에 있어서 대표적인 것으로 생각되는 사회조직의 부분영역이 탐구될 수 있는가 여부가 검토되어야 할 것이다(아래의 F).

B. 표준적인 구조층

(85) 국가형태는 오직 법적·규범적인 것으로부터만 전개될 수 있다는 견해는 그 방법론의 "순수성"에 의하여 매혹적일 수 있다. 그럼에도 불구하고 이러한 일차원적 관찰은 심오한 인식에 이를 수 없다.[257] 특히 두 가지 소여가 방해가 된다. 하나는 그 본질적 내용이 분명히 법적인 것의 외부에 있는 성문헌법규정이고("모든 국가권력은 국민으로부터 나온다"[258]), 다른 하나는 많은 경우에 그것을 억압하는 것이 바로 제도적인 것의 변질로 생각되는 합법적 조직과 그 기능에 결정적인 법외적 소여(예컨대 영국과 미국의 양당체제)이다. 그러므로 세 개의 구성층이 국가유형의 성격을 묘사하는데 함께 고려되어야 한다.

a) 실정법적(즉 성문법이나 관습법에 의하여 확실해진) 규칙에 중심이 놓이는 것은 자명하다. 아래의 설명에서는 현대국가의 이러한 매우 중요한 구조층은 합법적인 구조층으로 표현되어야 할 것이다(합법적 구조).

b) 법적인 것의 외부에 놓여 있는 사회적 질서요소들, 특히 국내의 의사형성에 참여하는 세력집단들(정당, 단체 등)의 조직은 확실히 일

---

257) Schindler, 앞의 책, S. 55, Mosca, 앞의 책, S. 138, 391; 또한 Platon, Gesetze, S. 271도 참조.
258) 본 기본법 제20조 제2항 제1문.

반적으로 함께 고려의 대상이 될 수 없다. 그에 반하여 그러한 세력집단들이 그들의 동일한 작용방식에 의하여 법질서를 지지하고 있든 또는 그러한 세력집단들이 대항행위에 의하여 법질서를 약화시키고 있든 그러한 세력집단들이 법질서와 내적 관계에 있다면, 사회구조로 표현된 관계와 함께 그것들을 평가하는 것은 불가피하다.

c) 또한 개별적인 일반적인 정치적 원칙들도 파악될 수 있는 조직에서 가시적으로 표현되지 않은 집단적 관념내용으로서 고려의 대상이 될 수 있다. 이는 사람들이 정치적 이상(理想)구조로 표현할 수 있는 그러한 차원으로 이끈다. 이러한 연원으로부터 기원하는 질서세력의 현실 - "국민주권"의 이념의 예가 그럴 수 있는 것처럼 - 은 무시할 수 없다. 특히 삼위일체적으로 구상된 공직기구와 권력의 본래의 기반으로 생각된 국민 간의 관계는 이러한 구조영역에서 전개된다는 것이 많은 국가의 현재의 개요의 특징이다. 이러한 중요한 상황에 대하여는 다시 논의할 것이다.

C. 분류척도

(86) 국가조직을 분류하는 척도는 정제된 유형학 내부에서 중요한 것일 수 있다. 예컨대 어떤 국가가 연방국가냐 단일국가냐라는 사실은 그 형식적인 성격묘사에서 결코 표현되지 않는다는 것이 거의 모든 새로운 유형화시도와 마찬가지로 전통적 사고가 충분하지 않다는 데 대

한 증거이다. 그러나 지방분권의 범위는 그 외적 명백성뿐만 아니라 그 내적 의미에 따라서도 국가의 제 소여의 하나를 묘사한다.

물론 지방분권은 연방국가의 조직형식에 결합되어 있는 것은 아니다. 지방자치단체의 편입은, 비록 그것이 현대의 대국가에서는 광범위하게 숨겨져 있고, 또한 새로운 국법이론에서도 거의 관찰대상이 아니라 하더라도,[259] 연방국가적 구성의 사실만큼이나 헌법적으로 중요하다. 이러한 의미에서 스위스 법질서의 3단계성은 고유한 원칙으로 효력을 가져야 한다. 또한 영국의 법구조도, 사람들이 오직 왕과 의회와 정부라는 대표하는 중앙권력의 매우 세분화된 조직의 통일성만을 강조하는 경우에는, 적절하게 설명될 수 없다. "지방자치단체의 자치행정"이란 말로써 매우 불충분하게 표현되는 "지방정부"(local government)는 없는 것으로 생각하는 하부단계를 설명하지 않는다. 이러한 2단계적인 영국의 국가질서에 대하여 사람들은 국내적 단위들이 존재함에도 불구하고 프랑스를 1단계적 조직으로 표현하여야 할 것이다. 그와 동시에 정치적 이상구조는 이러한 관점에서 합법적 구조와 일치한다는 것, 즉 법외적인 것은 법적 질서에서 두드러지는 형식들을 한층 강화시킨다는 것은 이상한 느낌을 불러일으킬 수도 있다. 더구나 인민민주주의의 구조는 극단적으로 1단계적이다. 분리된 단위들의 독자적인 계층분리는 인민민주주의에서는 있을 수 없다. 연방국가적 요소와 지방적 요소는 내적 현실성을 가지지 않는다. 그것들은 균일한 사회현실에 대한 지나치게 비현실적인 상쇄형으로 되었다.

---

259) 지방자치단체의 법은 특히 행정법에 속한다.

(87) 지방분권적 단계와 나란히 분류척도의 두 번째 특징으로 국가권력의 수직적 분리, 즉 상향적으로 자주적으로 결정하는 최종심급들에서 멈추는 기능집단들과 상응하는 분류가 있다. 그와 동시에 권력들의 경계획정이 개별적으로 어떻게 수행되는가는 전체적인 평면도가 어떤 형식을 따르는가와 마찬가지로 결정적이다. 이러한 관점에서 다음과 같은 기본유형이 구별된다.

a) 일원적 구조가 분화되지 않은 기점을 형성한다. 일원적 구조는 현재의 "인민민주의"의 합법적 구조에서 우위를 차지한다. 반면에 그 정치적 이상구조에서는 명백하게 이원적 구상(국가와 당)이 두드러지며, 그것은 왕왕 4분된 기능단위(국가, 당, 노동조합, 군대)에 이르기까지 속행된다.

b) 이원적 구성원리는 긴장에 가득찬 그리고 이러한 지속적인 내적 요청 내에서 창조적인 그러나 불안한 대립을 표현한다. 그러한 대립은 수많은 측면에서 오늘날의 국가를 규정하고 있다. 현대 사회체의 합법적 구조의 커다란 차원에서는 물론 순수한 권력이원주의는 점점 더 복잡한 구조형상에 의하여 해체되었다. 순수한 권력이원주의는 어쨌든 양원제에 원형대로 보존되었다. 또한 스위스 지방자치단체의 원형도 본질적으로는 이원주의적인 것이다. 균형잡힌 평형상태에서 지방자치단체와 의회, 회합과 주최자는 맞서고 있다. 양 기관을 결합하는 암만(지방장관)의 요소에 의하여 삼위일체적 구성의(물론 전적으로 근대 분립이론의 기초를 이루는 국가기능의 분리 밖에 남아 있는) 출발점이

마련되기는 한다. 그러나 그 현실적 권한상 제3의 요소는 경시되고 있다. 제3의 요소가 가지는 의미는 형식법적인 것이라기보다 오히려 비유적인 것이다. 그런 까닭에 이원적 구성은 다시금 수많은 국가적 명령권자들(국가원수-정부, 법관-서약자, 지휘관-참모 등)을 자세하게 구성하는 것으로 돌아간다. 역사적으로 이원적 구성은 한편으로는 수많은 관계에서 이원적·대극적으로 구조를 취했던 로마의 헌법에 의하여, 다른 한편으로는 "왕과 왕국"(rex et regnum)[260]이라는 신분국가의 기본정식에 의하여 우리에게는 친숙하다. 2위형식은 종종 정치적 이상구조에 머물러 있는 경우가 대부분이다. "국민-국가" 내지는 "국가-사회"의 대립은 분명히 그것을 암시하며 또한 어느 특정의 의식층에서 정치적 기본권력과 그 정교한 합법적 상부구조 사이의 간격이 매우 결정적인 것으로 남아있다는 것을 가리킨다.

c) 삼위일체적 조직은 합리적으로 강조된, 동시에 대립을 만들어내고 대립을 가교하는 통일의 표현이다. 그것은 서구의 입헌국가들에서는 합법적 구조에서 지배적으로 된 구성원리를 표현한다.

d) 끝으로 4위정식은 자족하는 전일성의 완성된 표현이다. 우선 두 개의 반대쌍이 - 상호 교차됨으로써 - 4위(Quaternio)에 적응하기 위하여 4위로 인도된다. 그러므로 모든 이원주의는 자체 내에 4위의 핵

---

260) R. Smend, Zur Geschichte der Formel "Kaiser und Reich" in den letzten Jahrhunderten des alten Reiches, Staatsrechtliche Abhandlungen, 1955, S. 9ff.

심을 포함하고 있다. 물론 단순한 대극적 긴장은 4위적 전일성이 우선 은폐된 채 남아 있을 수 있을 정도로 지나치게 강조될 수 있다. 그러나 사람들은 삼위일체적 통일을 일원적으로 이해된 반대구조와 결합함으로써도 4위에 이른다. 이러한 의미에서 스위스 칸톤의 헌법개요는 4위로 구성되어 있다. 권력3위는 그 속에서 순수한 민주주의(즉 제4의 권력인 "국민")와 결합되었다.

(88) 지방분권단계와 수직적으로 구성된 권력은 국가구성의 척도를 나타낸다.[261] 사람들은 모든 이러한 구성도식을 수행하는 특별한 양식만을 본질적인 것으로 관찰해서는 안 될 것이다. 특히 결정적인 것은 또한 어떤 관점에 중심이 놓여 있는가이다. 현대국가는 의심의 여지없이 기능집단들의 분리를 강조하였다. 연방적인 것을 내적으로 정당화하는데 대한 지식은 점점 상실된 것만이 아니다. 지방분권단계의 구성은 자주 심지어 목가적이고 시대에 뒤쳐진 것, 절망적이고 답답한 것에 대한 증오와 합리적 행정의 제 원칙에 모순되는 것에 사로잡혀 있다. 이러한 발전에서 특징적인 것은 특히 평등의 관점이 점점 더 다양한 행정단위들의 관계를 평가하는 척도로 되었다는 사실이다.[262] 이러한 연방적인 것의 "합리화"와 함께 현대인들은 매우 원초적인 인적 형성가능성들 중의 하나를 상실하였다. 향상하려고 노력하는 인간의식은 매우 유효한 버팀목을 박탈당했다. 그러한 인간의식은 전혀 불가

---

261) 이에 대하여는 또한 Aristoteles, Politik, S. 114도 참조.
262) Imboden, Die staatsrechtliche Problematik des schweizerischen Föderalismus, Zeitschrift für schweizerische Recht, 1955, Bd. 1 S. 221.

능한 영역으로 추방당했다. 그와 동시에 진정한 민주적 형성의 기회 또한 악화되었다. 국가적 통일의 수단과 목표의 통상의 테두리를 벗어 나는 것은 좁은 법역(法域)의 해체와 동시에 일어난다.[263] 국가의 작용 은 이와 함께 평균적 시민의 의식 속에서 여전히 의식적으로 파악될 수 있는 척도를 유월할 위험이 있다.[264]

D. 지배자의 범위

(89) 오늘날의 정치의식에서는 민주주의가 단 하나의 여전히 허용 되는 모범으로 되었다. 이러한 어마어마한 단순화는 부담이 되는 유산 으로서 새로운 국가론을 토대로 하고 있다. 환상과 현실을 구별하기 위해서는 새로운 경계가 획정되어야 한다.

a) 우선 합법적 구조 내에서 민주적 제 요소는 전통적으로 간주되 는 것보다 더 파괴되기 쉽다는 것을 지적하여야 한다. 확실히 이는 국 민대표에 의하여 지배하는 것은 국민이라는 부동의 생각과 일치한다. 그럼에도 불구하고 이러한 생각은 특히 정치적 이상구조의 차원에 머 물러 있다. 그러한 생각은 - 사람들이 스위스의 "반(反)직접적 민주주

---

263) Rousseau, 앞의 책, S. 265; Mosca, 앞의 책, S. 318.
264) 그러므로 훔볼트 *W. von Humboldt*는 다음과 같은 것을 요청한다. "국가는 대소 지방자치단체의 총괄개념으로 고양되어야 한다"(Hans Huber, 앞의 책, S. 18에 서 인용).

의"[265)]를 도외시한다면 - 합법적 구조 내에서도 1차적 출발점에서만 현실이 되었다. 의회의 결정에서 "국민의 결정"을 보는 것은 새로운 선거가 대의기구에 의하여 결정하는 헌법개정이나 대표체에 의하여 결정한 중요한 결정에 선행하는 곳에서는 근거가 있다. 또한 양당제도 직접적인 국민지배의 생각에 현실적인 내용을 부여하려는 건설적 시도를 의미한다. 그러나 그밖에는 대의기구 내에서 다수지배의 사고가 분명히 우위를 점한다.[266)] 대의제는 그 상표와는 달리 "위임자에 대한 피위임자의 지배"[267)]를 가져온다. 사회를 "언제나 국가보다 더 귀족적으로 조직된 것으로 보는"[268)](칼 힐티*Carl Hilty*) 우리의 습관은 우리로 하여금 이미 합법적 구조 내에 파악할 수 있게 존재하는 엘리트지배의 제 요소를 경시하게 하였다. "귀족적 형식을 띤 민주주의의 내용이 관철된 반면, 귀족정은 즐겨 민주적 형식에서[269)] 나타난다"는 것은 오늘날의 국가질서의 특성을 나타낸다.

b) 또한 일원적 구조요소들도 현대국가에서는 개정절차에서 배제되었다. 그것들은 한편으로는 정치적 이상관념(무차별적 집단의 의식 내의 "국가", 이론가의 관념세계 내의 "법인")의 영역으로 이전하였다. 그것들은 다른 한편으로는 합법적 구조 내에서 특수영역으로 추방되

---

265) Duverger, Droit constitutionnel et Institutions Politiques, 1955, S. 323.

266) Mosca, 앞의 책, S. 380.

267) Michels, 앞의 책, S. 370.

268) J. Steiger, 앞의 책, S. 242.

269) Michels, 앞의 책, S. 12.

었다. 행정은 일원적으로 구성된 채 남아 있다. 이곳에서 습관적으로 이러한 지배형식을 정당화하는데 사용되는 것은 합목적성의 이유이다. 사람들은 행정에 의무로 부과된 결정에 있어서의 객관성이 이러한 조직형식을 요구한다는 것에서 출발한다. 그럼에도 불구하고 외견상 필수적인 논거제시는 사후적으로(a posteriori) 정당화의 과정을 필요로 한다. 그러한 논거제시는 근본적으로 행정작용의 합리적 목적지향성에 근거를 둔 1인지배는 심지어 확신에 찬 민주주의자에게는 위험하지 않은 것으로 생각된다는 것만을 가리킨다. 매우 세분화된 관료사회의 합리적인 행위를 할 의무가 부과된 장(長)으로 하여금 전이관념을 목표로 삼도록 만드는 것은, 사람들이 이곳에서도 투영이 문제된다는 것을 도대체 인식하는 한, 생각할 수 없는 일로 간주된다. 그러한 한에서 그밖에는 허용되지 않는 1인지배를 행정기구 내에서 사람과 관계없이 행동하는, 일반적 원칙에 구속되는 국가봉사자가 보편적인 모범으로 되는 한에서 수인하려는 자발적인 마음가짐이 증명된다. 그 밖에 오직 일원적으로 조직된 행정만이 유효하게 목적지향적으로 활동할 수 있다는 것은 자연법칙의 힘으로써 확정된 진리와는 전혀 다른 것이다. 로마의 동등한 동료제(par collega)나 전통적인 스위스의 합의제(즉 다수결원칙에 따라 결정하는 단체)의 형식은 그와는 정반대의 것을 가리키는 것은 아닌가?

c) 끝으로 귀족정적 구조요소는 현대국가의 합법적 구조 내에서 특히 대의제와 사법에서 볼 수 있다. 그밖에는 다수지배가 사회구조에 반영되었다.[270] 모든 공동체적 생활영역에 대하여 전향(轉向)시키는 것

으로 된 "조직"관에 의하여 새로운 엘리트지배는 형성되고 있다.[270]

(90) 원칙적으로 "전체지배, 다수지배(엘리트지배) 그리고 1인지배"라는 3위에 국가형태의 유형학을 위하여 오늘날에도 없어서는 안될 척도가 있다. 그러므로 현대의 국가론에서 개관된 정치이론의 대가들과의 관계를 다시 수용할 모든 이유가 있다.

E. 지배의 정당화

(91) 바로 마지막에 언급한 예 중의 하나 - 일원론적 원리를 합리적으로 행동할 의무가 있는 행정에 전위(轉位)하는 것 - 는 사람들이 세분화된 국가형태론에서 특수한 종류의 지배정당화를 함께 고려하는 것을 결코 거부할 수 없다는 것을 가리킨다. 구조형식의 우위로의 이동은 자주 국가적 명령권의 내적 정당화에 대한 견해의 변화와 함께 발생한다. 현대행정의 일원적 구조는, 그것을 지배적인 것으로 된 합법적 · 합리적인 권위요소들과 관련시키지 않으면, 이해될 수 없다. 국가의 기본권력을 1인지배에 결합시킨 지배체제에 대한 새 시대에 몇번이고 되풀이하여 행해진 침입은 원래 형식적 형성원리들의 교체를 의미하지 않는다. 오히려 그러한 것들 속에서 특히 다른 권위에 대한 믿음이 발현되었다.[272] 지배자는 그가 복종을 요구할 권리를 새로운 구

---

270) Michels, 앞의 책, S. 12ff.; Dürig, 앞의 논문, S. 751.
271) Michels, 앞의 책, S. 24.

세론으로부터 근거지었다. 1인지배로의 이행은 오히려 카리스마적 동기부여가 직접 발현된 결과에 지나지 않았다. 이러한 이유에서 원칙적으로 상대적으로 넓은 척도에서 이전의 합법적 구조를 계속해서 전면에 두는 것에 대해서는 어떤 것도 반대하지 않는다.

| F. 국가적 근본권력으로서의 헌법개정심급 |

(92) 헌법이론에 의하여 수행된 법률개념의 생성과 모든 권력의 법률에 대한 복종과 함께 국가형태를 규정하는데 새로운 가능성이 열렸다. 로크는 이러한 걸음을 처음으로 공개적으로 내디뎠다.[273] 국가형태는 그에 의하여 입법부의 형태와 동일시되었다. 기본적 기능으로 인식된 법제정권한의 분배는 전체 국가권력구조에 대한 간접증거로 되었다. 헌법과 법률의 실질적 그리고 형식적 분리를 일반적으로 관철시킨 로크의 관찰방법을 철저하게 실행하면, 국가형태는 헌법개정권력의 구성에 따라 규정되어야 할 것이다.

사람들이 이곳에서 제시된, 자주 교차되는 관점들(구성척도, 즉 지방분권의 범위와 국가권력의 수직적 분리의 방법; 개별 기능집단들에서의 지배자의 수; 지배정당화의 방법)에 따라 그리고 법외적 질서요소들(합법적 구조와 대립되는 정치적 이상구조와 사회구조)을 함께 고려하여 구체적인 국가유형의 성격을 묘사하는 것을 피하고자 한다면,

---

272) 이에 대하여는 Nawiasky, 앞의 책, S. 11ff.
273) Locke, 앞의 책, S. 65와 S. 71.

즉 사람들이 복합적 구조상(構造像) 대신에 통일적 구조상에 도달하고자 한다면, 오직 헌법개정권력의 구성에 따라 유형을 형성하는 길밖에 없다. 그와 함께 생겨나는 결과는 일반적으로 유용한 것으로 입증된다. 좁든 넓든 헌법개정절차의 형성은 국가질서의 다른 영역들에서 두드러지는 형성원리들을 반영한다. 마찬가지로 개정심급의 권위정당화에서는 대체로 명백하게 국가법질서에서 지배적인 모든 지배에 대한 근거제시가 반영된다.

(93) 이러한 일차원적 고찰에서 얻어진 상은 물론 여러 관점 하에서 수행된 헌법의 모든 부분을 고려한 구조분석의 결과보다는 덜 탄력적인 것으로 생각된다. 특히 다음과 같은 관계들은 헌법개정절차의 차원에서 원칙적으로 파악될 수 없다.

a) 지방분권단계는 전형적 연방국가들에서 연방구성국들이 원칙적으로 기본법의 개정에 참여하는 한에서만 개정심급의 구조에서 두드러진다.[274] 그에 반하여 지방자치단체에게는 동종의 발언권이 없다.

b) 기능집단들의 분류는 헌법개정권력이라는 그림 속에서는 인식하기가 더욱 어렵다. 그것은 주변에 남아 있게 되고 개정절차의 개별적 특수한 문제에서(예컨대 제안권에서)만 의미를 가진다. 그러므로 적확한 구조상에 도달하기 위해서는 성문헌법을 개정하는 저 심급 외

---

274) Friedrich, 앞의 책, S. 235ff.

에 또한 필요한 경우에는 기본법의 계속발전의 권한을 가진 헌법재판관도 고려되어야 한다. 사람들이 3분의 2 다수로 결정하는 연방의회와 4분의 3 다수로 비준하는 개별국가의 입법부들(내지는 그에 상응하는 헌법회의들)만을 고려하고 또한 성문헌법을 주권적으로 해석하는 연방대법원[275]을 들지 않으려 한다면, 예컨대 미합중국의 헌법개정권력의 성격이 충분하게 묘사되었다고 할 수 없을 것이다.

c) 개정절차에서 일원론적 형성원리를 위한 여지는 전혀 없다.

---

275) Friedrich, 앞의 책, S. 255ff.

제 8 장

현대의 제 문제

| A. 국민주권과 권력다수 |

(94) 서구의 입헌국가와 동구의 인민민주주의 사이에는 결정적인 구조적 차이가 있다는 것은 수많은 개별적인 언급에서 설명되었다. 이곳에서는 반대의 그림을 재차 그리고자 한다.

동구적 "민주주의"에 있어 특징적인 점은 특히 그것이 구성되어 있지 않아 무정형적이라는 점이다. 내부적으로 파악될 수 있는 단계질서가 결여되어 있는 것만이 아니다. 또한 독자적인 기능집단들의 분리도 최소한 합법적 구조에서 거의 전적으로 결여되어 있다. 법차원에서 지배형식은 특히 다수지배의 경향과 - 비록 배제되기는 하지만 - 1인지배의 경향을 띤다. 민주적 요소들은, 물론 강력한 이원론적 구성형식이 동반되지만, 거의 이상구조의 영역으로 추방되었다. 권위에 대한 정당화는 희귀하기는 하지만 카리스마적 요소와 합법적·합리적 요소의 결합 속에서 합일한다. 그와 동시에 카리스마적 요소가 실제의 원동력을 형성한다. 합리적인 것은 봉사하는 보조관념의, 위장적 상부구조의 기능을 할 것이 요구된다. 모든 전통적·인간관계적 권위에 대한 요구는 합법적 구조에서 의식적으로 억압된다. 이는 물론 부분적으로는 지배층의 사회구조에서 더 노골적으로 눈에 띠게 하기 위한 것이다.

이러한 그림으로부터 서구의 국가는 특히 그 수직적 구성에 의하여 대조된다. 3위의 국가기관은 합리적 상부구조로서 견고하게 고정되어 있다. 그에 대하여 "국민"은 합법적 구조에서 여전히 통합되지 않은, 정치적 이상구조에서 더욱 더 지배적인 크기로서 대립한다. 연방적 단계구성은 현대의 국민국가 내에서는 점점 더 실제적 비중을 상실하기는 하였다. 그러나 유럽연방을 위한 오늘날의 노력에 대하여는 특히 새로운, 인간의 의식에 근거를 보증하는 견고한 사회집단의 국내적 계층분류를 만들어낼 필요성을 인정할 수 있을 것이다. 민주적 지배원리를 진정으로 실현하는 본질적인 실마리는 합법적 구조에 있다. 합법적 · 합리적 지배정당화는 "평등"과 "법치국가"라는 개념들보다 우위에 있다. 전통적 · 인격관련적 권위의 요소들은 특수영역에, 즉 연방적 하부구조나 특별한 기능단위들(특히 권력관계)에 축소되었다.

(95) 이러한 양 국가유형의 성격묘사와 더 나아가서 양 국가유형의 대조적인 대립은 매우 분명하게 현대의 사회체의 기본적인 긴장을 암시한다. 그러한 긴장은 국법상의 조직 내부에서 실제적인 권한분배에 대하여 주장되는 국민주권의 대립이나 "법치국가"와 "민주주의"의 관념들의 교차 또는 칼 힐티가 솔직하게 이야기하듯이 다수와 권위의 분리에 있다.[276] 기본적인 긴장은 우선 자체로서만 행위할 수 없는, 몇 번이고 되풀이하여 마비되고 하는 정치적 기본권력 - 국민 - 을 합리적

---

276) J. Steiger, 앞의 책, S. 217.

으로 해명되는 국가의 상부구조와 확고하게 형성된 관계를 맺지 못하는 데서 그리고 다음으로는 모든 확고한, 또한 국민다수의 경우에도 움직일 수 없는 권력조직에 대한 균일적·국민투표적 민주주의의 적대감에서 표현된다.[277] 이러한 이율배반에서 정당하게 한편으로는 모성적이고 몽롱한 무의식과 다른 한편으로는 남성적이고 정신적인 이성의 전형과 동일시되는 두 개의 근본원리의 대립이 대조를 이룬다.[278]

다른 한편으로는 정치의식의 착종적(錯綜的) 퇴화의 위험이 있다. 콩도르세Condorcet가 요청하듯이, 국민의 운명을 손 안에 쥐고 있는 그러나 그에게 다른, 자신의 상황을 인식하게 하는 조직이 유보되어 있고 그리고 그럼으로써 그 국민을 항상 대중으로서만 행동하게 하는 자는 기본권력을 그 가장 원초적 의식단계에 고정시킨다. 기본권력은 과도하게만 그 권력을 과시할 수 있고 착종적 권력으로서는 현존질서의 한계를 유월할 수 있다. 자기 자신만을 주목하고 여전히 무의속 속에 머무르고 있는 전일성의 표현으로서의 리바이어던의 상징[279]은 형성되지 않은 국민(Demos)에서 출발하는 권력주장의 적확한 모범으로 된다.

그러나 다른 한편으로는 원래의 권력소지자보다 우위에 있는 합리적 권력조직이 그 근본이 되는 근거에서 분리되어 무의미하게 상실될 위험이 두드러진다. 무관하게 된 국가는 중요하지 않은 형식으로서 파

---

277) Nawiasky, 앞의 책, S. 48.
278) Schmid, 앞의 책, S. 195. 이러한 대립은 마티Marti에 의하여 매우 명확하게 제시되고 있다.
279) C. G. Jung, Mysterium Coniunctionis, Bd. I, S. 229-233.

괴된다. 그러한 국가는 "합법적인 나라"(pays légal)로서 "현실적인 나라"(pays réel)로부터 분리되고 그렇게 함으로써 그의 의식형성적 기능을 상실한다. 또한 이곳에서도 마지막에는 형성되지 않은 것으로의 후퇴가 있다. 형성요인으로서의 합리적 국가구조가 빛을 잃으면 잃을수록 그만큼 결국 개인은 착종적 권력의 발현과 무의식에로의 후퇴에 저항할 수 없을 것이다.

(96) 이렇게 본다면 내적으로 불가피하게 "권력분립은 가능한 한 민주적 요소와는 이질적"인 것으로 남게 된다는 확인에 이르게 된다.[280] 이러한 이율배반을 극복하기 위하여 하나 또는 다른 극의 힘의 장(場)없이 지내는 방법이 탐색되었다. 루소는 권력분립보다 국민주권을 택하였다. 다른 사람들은 권력분립론에 대하여 국민주권을 포기한다.

이러한 양자택일에서 숙명을 보는 것은 서구인들이 그들의 사회사의 지난 몇 세기뿐만 아니라 또한 고대 그리스 이래 그것을 쟁취하기 위하여 투쟁하고 있는 희망, 제 목표 및 제 가치의 포기를 의미한다. 국민주권이나 사회체의 합리적인 합법적 구조에 반대할 방법은 존재하지 않는다. 양자를 함께 추구하는 방법만이 존재한다. 민주주의와 삼위일체적 법치국가를 종합하는 것만이 미래에 대한 희망을 뜻한다. 인민민주주의는 양자 중 하나를 배제하는 것이 어디에 이를 수밖에 없는가를 보여주고 있다.

---

280) W. Martini, Das Ende aller Sicherheit, 1954, S. 60.

공동체형성적 인간정신에 대하여 제기되고 있는 과제는 오늘날에도 여전히 느슨한 관계를 맺고 있는 국민과 국가라는 단위를 확고하게 결합하는 일, 국민을 국민 앞에 놓여 있는 권력3위에 통합시키는 일이다. 기대해 볼 만한 시작이 착수되었다. 반직접적인 스위스의 민주주의는 - 물론 1회적 상황에 의하여 유리한 역사적 상황 속에서 - 아마도 가장 발전된 해결책을 제시한다. 국민적 대국가는 다른 구성형식들을 필요로 할 것이다. 많은 것이 유럽에서는 연방적인 것의 문제가 고유한 결정적인 문제로 되리라는 것을 암시하고 있다. 부분적인 그리고 보편적인 형성세력들의 숙명적인 적대감이 진정되어야 비로소 국민을 정서적(整序的) 제4의 권력으로 편입하는 것을 허용하는 창조적 균형상태가 될 수 있을 것이다. 물론 이러한 것은 크게는 연방과 함께 또한 작게는 연방적 구성이 자주적 지방자치단체들의 엄밀한 계층분화와 함께 일치할 것을 요청한다.

┃ B. 기능이론과 권력분립 ┃

(97) 유럽대륙에서 지배적인 이론에서 세 개의 기본권력은 특히 상이한 기능담당자로서 특징지어진다. 국가기능의 구성은 1차적 소여이며, 조직집단들의 분리는 2차적 소여이다. 기능3위의 합리성은 권력3위를 지탱하고 정당화하는 동기이다.

이러한 구상의 기초를 이루는 합리적인 과도한 긴장은 본질적으로 정치적 기본권력과 상이한 합법적 상부구조 사이의 종합을 곤란하게 하고 합법적 상부구조를 법치국가성의 상징으로서 종종 도달할 수 없는 먼 곳에 두게 하는데 기여하였다. 특히 그러한 것에 의하여 권력3위의 인상적이고 구상적인 것은 과소평가되었다. 권력3위는 인간의 정신에 의하여 아직은 수행될 수 없는 추상적 생각으로 공동화되었다. 권력3위는 깨지기 쉬운 유리구슬 놀이로 되었다.

모든 상이한 기능분립이 없다면 어떠한 권력다수도 근거지어질 수 없다는 것은 의심의 여지가 없다. 그러나 이미 기능들의 성격묘사 속에 구상적인 것이 더 강하게 두드러져야 할 것이다. 이는 무흠결의 논리적 기능분리의 이념을 국가이론적 가상구상의 영역으로 추방할 것을 요청하며, 이는 전래된 기능이론의 불합리성과 관련하여 결국 때늦은 정정을 의미한다.[281]

(98) 이러한 시점(視點)에서 출발할 때 오늘날의 정리(定理)는 특히 다음과 같이 변경되어야 (때로는 또한 강조점을 달리하는 것일 수도 있다) 한다.

a) 입법은 단순히 일반적·추상적 규범의 제정과 동일시될 수 없다.[282] 이러한 성격묘사는 한편으로는 지나치게 광범위하다. 모든 일반적 법문의 제정이 입법부의 특권에 속하는 것은 아니다. 보충적인 일반적 규범(2차적 법문)의 제정은 명령심급의 관할사항이다. 그러나 이

---

281) 이에 대하여는 앞의 33번.

282) 이에 대하여는 Imboden, Das Gesetz als Garantie rechtsstaatlicher Verwaltung, 1954.

러한 해석은 다른 한편으로는 또한 지나치게 좁다. 일반적인 것은 법률의 특징이며, 그 형식적 특징이기는 하다. 마찬가지로 지속성과 가치관련성[283]의 내용적 동기가 법률의 속성이다. 입법은 자유로운 법적 형성이며, 원칙적인 것과 지속적인 것을 지향한다. 이러한 의미에서 "침해"만을 법률의 유보에 포함시키는 것은 법률의 개념을 근거지울 수 없게 인위적으로 제한하는 것이다. 마찬가지로 조직권력을 독자적 소여로 뽑아내어 조직법을 원칙적으로 법률법이 아닌 것으로 관찰하는 것도 정당할 수 없다.[283] 지도적 조직규범(norma constituendi)의 제정도 행위규범(norma agendi)의 제정과 마찬가지로 입법이다. 왜냐하면 이곳에서 또한 "보편타당성"은 실질적 법률의 표지일 수 없다는 것이 입증되기 때문이다. 조직규범들은 많은 경우에 더 이상 일반적·추상적인 것으로 이해될 수 없다. 또한 규범논리적으로 개별행위들인 규범들도 종종 법률을 의미한다.

　b) 입법에 대한 반대는 사법에 있다. 이 기능의 본질은 그 어떤 것보다 포섭관념에 의하여 모호해졌다. 사법은 결코 그 자체 확고한 법문에 매개적 사안을 포섭하는 것이 아니다. 인식론적으로는 도대체 "확고한" 법문이란 것이 존재할 수 없다. 하나의 규범, 또한 성문의 그리고 겉으로는 내용적으로 분명한 법조문에서 시작하는 것은 모두 "인식된 것의 인식"[284]으로서 한편으로는 구속적 재생산과정이고 다른 한

---

283) =282a) Marsilius, S. 96ff.

283) Veröffentlichungen der Vereinigung deutscher Staatsrechtslehrer, Heft 16.

284) *Boeckh*가 그러한 입장이다. Radbruch, Rechtsphilosophie, 4. Aufl., S. 210 참조.

편으로는 자율적 이성의 결정이다. 법관은 구속을 받음과 동시에 자유롭다. 그는 직·간접적으로 인식한다. 사법의 본질은 자주적 법창조와 단순한 규범재생의 분리될 수 없는 내적 밀착성에 있다.[285] 그와 동시에 때로는 생산적 요소가 때로는 재생산적 요소가 우세할 수 있다. "적용할" 규범이 가치관련적이면 가치관련적일수록 그만큼 더 사법의 법창조적 내용은 의미를 가지게 된다. 그리고 법문이 전적으로 기술적·가치무관적 성격을 보이면 보일수록 그만큼 더 법관의 단순히 재생산적 구속성은 뚜렷하게 나타난다. 그럼에도 불구하고 사법은 그 법창조적 활동에서 입법과는 원칙적으로 다른 것을 지향한다. 사법은 자유로운 형성에 지향되어 있지 않다. 사법은 구체적인 사안에 지향되어 있다. 사법은 개별적인 사례를 이제까지의 법인식에 비추어 평가하고자 한다. 법관은 특정 사안에서 서로 대립적인 당사자의 관점을 평가함으로써 결정을 내린다. 그러므로 분쟁해결의 개념은 사법의 본질을 구상적으로 적확하게 재생한다. 법창조과정으로서의 사법은 법정립과는 원칙적으로 다른 범주를 의미한다. 사법은 그 자체 전래된 법재료에 의존하는 법발견이며, 구체적인 이해관계의 대립을 대상으로 한다.

c) 끝으로 법률집행은 사법과 입법 사이에 위치한다. 법률집행이 사실적 작용(국가기관의 사실적 작용은 항상 법률집행이다)의 착수가 아니라 법규범의 제정을 대상으로 하는 한, 그것은 구속적 법형성이며, 현재의 필요를 대상으로 한다. 구속적으로 창조된 제 규범은 일반적·

---

285) 이에 대하여는 법적용 일반에 대한 적확한 언급 참조(Radbruch, Rechtsphilosophie, S. 210).

추상적 성격은 물론 개별적 · 구체적 효력범위를 가질 수 있다. 사법과 집행의 경계획정과 관련된 이러한 해석으로부터 어려운 일이 발생한다. 그러나 이곳에서는 도대체가 확실한 경계가 획정될 수 없다. 결국 양 기능은 그 강조점에 따라 구별된다. 양 기능은 상이한 정도로 정의(正義)와 관련되어 있다. 법관은 개별적인 경우에 그 정의내용에 의하여 지속적인 결정을 내리고자 한다. 행정공무원은 장소와 시간에 대한 우연적인 필요에 더 강하게 구속을 받는다. 바로 경계획정의 이러한 불확실성과 관련하여 작업리듬의 구상적 · 탄력적 차별화에 대한 필요가 증가한다. 법관은 주장과 반대주장을 형량하여, 사법적 · 대립적 소송절차에서 결정하여야 한다. 법적 판단(iudicium)의 세 단계, 명제와 반대명제의 해결을 가시적으로 상징화하여야 한다.

d) 국가 간의 관계의 규율을 기본적으로 전래된, 전적으로 국내적 법정립과정에 지향된 기능도식에 환원시킬 수 없다는 것은 불행하게도 잊혀진 로크의 이론 중 하나이다.[286] 그러므로 국가 간의 관계는 분리된 잔여기능으로 남아 있지 않다. 국가 간의 관계를 법률집행과 연관시키는 것은, 모든 국가기관 가운데서 가장 강력하게 일원적으로 형성된 관청은 바로 정부이기 때문에, 좋은 의미를 가진다. 정부는 이러한 강력하게 집단외적 투영과 관련된 국가기능을 가장 잘 책임질 수 있는 것으로 생각된다. 그럼에도 불구하고 국가 간의 관계에서 공동의 법제정이 많아지면 많아질수록, 즉 법통일적(좁은 의미에서 저촉법적

---

286) Locke, S. 72ff.

뿐만 아니라) 조약이 전면에 부각될수록 그만큼 더 이러한 전래된 해결책은 만족을 줄 수 없다. 수많은 헌법에서 규정된 건설적 해결책은 국가 간의 관계의 규율을 행정부와 입법부의 공동작업 사항으로 하고 그리고 그렇게 함으로써 최소한 개요적으로 독자적인 "대외적 권력"을 만들어내는 데 있다.

(99) 그럼에도 불구하고 분리된 조직집단들에게 이미 설명된 기본 기능들을 부여한다고 해서 생산적인 권력조직이 구성되지는 않는다. 제 기능의 차별화 자체만으로는 외적으로 분리된 최종심급의 충분한 상징력이 보증되는 것은 아니다. 권력다수는 삼위일체적 또는 사위일체적 모상이어서는 안 된다. 오히려 개별적인 권력이 시민의 의식 속에서 자주적인 소여로서, 독자적인 원리로서 주장될 수 있기 위해서는 심급다수는 동시에 다양한 지배형식이나 다양한 정당화유형의 통합상 또는 양자의 통합상으로 되어야 한다. 모든 권력은 "자신의 힘에 의해서" 관철되고 실현될 수 있어야 한다.[287]

이러한 의미에서 (정치적 이상구조에서 매우 강조되는, 합법적 구조에서 최소한 출발점에서 실현된) 민주적 제 구도는 입법자를 정부에 대해 두드러지게 한다. 정부가 - 미국의 대통령제에서와 같이 - 일원적인 경향을 나타내면 낼수록, 그만큼 더 대조는 인상적인 것이 된다. 그에 반하여 입법부와 법관은 특히 그들의 지배정당화에 의하여 구별되어 있다. 입법자는 끊임없이 목적지향적으로 행동하는 규범정립자의

---

287) Mosca, 앞의 책, S. 121.

총체개념으로서 합법적·합리적 권위를 주장할 수 있는 대표자이다. 그에 대하여 개별적인 사례에서 구체적인 이해관계의 대립을 근거로 법을 발견하는 법관은 전통적이고 인격과 관련된 지배유형을 지시한다. 제3권력을 강화하는 문제는 - 마르치스*Marcic*[288)에 의하여 강령적으로 "법률국가에서 법관국가로"라는 정식으로 표현된 - 특히 독자적 정당화원리의 사법적 법발견을 강조하는 데 있다. 그러므로 오직 법발견적 기능을 의식적으로 강조하는 데서만 사법은 법관들에게 주어진 희망을 실현할 수 있다.

┃   C. 헌법문제   ┃

(100) 현대 자유국가의 특징적 경향으로는 삼위일체적 권력구성과 기본권목록 외에도 기본권목록을 헌법에 성문화하는 것을 든다. 그럼에도 불구하고 다른 어떠한 헌법적인 기본관념과는 달리 이른바 "헌법원리"는 그러한 기본관념과 함께 결합되어 용해되어 있는 이념과 그러한 헌법원리에 고유한 정확한 내용의 상이라는 병을 앓고 있다.

내용적 의미에서 헌법[289)은 기본적인, 즉 그 서열과 그 내적 비중에 의하여 더 높은 가치를 가진 국가공동체의 구조규범의 총괄과 같은 것을 의미한다. 모든 국가는 - 가장 압제적인 전제정과 마찬가지로 자유

---

288) R. Marcic, Vom Gesetzesstaat zum Richterstaat, 1957.

289) 이하의 논의에 대해서는 W. Kägi, Rechtsprobleme der Volksinitiative, ZSR 1956, S. 739aff. 참조.

민주주의도 - 이러한 의미에서 기본질서를 소유한다. 어떤 "원리"도 또한 정치의식을 움직이는 어떤 관념내용도 이러한 기본질서를 단순히 지적하는 데에는 포함되어 있지 않다. 따라서 그 원리는 모든 국가의 기초를 이루고 헌법적 사고의 핵심내용을 형성하는 기본구조에 대한 보편타당한 인식과는 다른 그 무엇이다. 이러한 특수한 것과 본질적인 것은 기본구조를 특히 강조하고 부각시키는데 있다. 기본구조에는 지속성과 불가침성이 인정되어야 한다.[290] 지속성은 기본구조에 헌법의 개정곤란성을 보장한다. 불가침성은 기본구조에 단순법률에 대한 규범적 우위를 부여한다. 그러나 "지속적인" 그리고 "불가침적인"이라는 수식어도 헌법이념을 완전히 묘사하지 못한다. 그밖에도 헌법은 - 베르너 캐기Werner Kägi가 표현한 것처럼 - "자유로운 인간들의 자유로운 공동체"[291]를 현실화시켜야 한다. 헌법원리를 자유사상과 결합시키는 것이 우리의 정치적 감각을 대단히 요구한다 하더라도 이러한 연관을 확실하게 해석할 수 있기는 어렵다. 사람들이 좀 더 자세히 들여다보면, 사람들은 이러한 생각 속에 결합되어 있고 제기된 명제를 그 일반성에서 아마도 어떻든 옳은 것으로 생각되게 함에도 불구하고 그 구체적 측면에서는 매우 상세화를 필요로 하는 것으로 생각되게 하는 매우 상이한 진술들이라는 것을 확인할 수 있다.

(101) 국가의 기본구조를 강조하는 것은 그것을 의식적으로 해명하는 것을 의미한다. 헌법은 매우 엄숙하고 매우 가시적으로 문서화된

---

290) Kägi, 앞의 논문, S. 750a.
291) Kägi, 앞의 논문, S. 761a.

법원리들의 총괄개념으로서 집단의 의식지배의 노선을 나타낸다. 헌법문서의 밝은 빛에 기록된 것은 특히 보호할 필요가 있다는 시험을 거친 것이다. 중요한 공동체 형성적 원리들에 대하여 명확성을 유지하는 능력은 한 사회조직의 진정한 발전정도를 나타낸다. 그런 한에서 모든 헌법은 개별적 인간들에게 심리적 의지처를 의미한다. 헌법은 획득된 "정신적 수준"(niveau mental)을 보장하고 의식이 계속적으로 활동하기 위한 견고한 출발점을 만들어낸다. 자유와 의식은 함께 전체를 이룬다. 진정한 인간의 자율은 의식화에 있다. 그러므로 헌법에서 자유의 보장을 간취하는 것은 깊은 의미를 갖는다.

(102) 헌법의 필연적 자유관련성의 명제가 가지는 이러한 정당한 핵심을 도외시한다면 물론 지나치게 현재상황과 결합되어 있는 요청들도 헌법과 결합된다. 오늘날의 헌법사고에서 조직적인 것에 대한 지나친 배려가 비난되고 헌법상의 조직규범들에 대하여 인간과 관련된 헌법상의 행위규범들에 우위를 주려고 한다면 이러한 요청들이 표현된 것이다.[292] 그 속에는 이러한 일반성에서 옳을 수 없는 강조가 있다. 국가의 기본질서는 국가의 구조상에 있다.[293] 국가의 구조상에는 물론 본질적 측면에서 또한 개인적 자유도 속한다. 개인적 자유는 정치적 권리를 행사하기 위한 필수적인 선결요건을 만들어내는 것만이 아니다.[294] 인간적 인격의 자율은 일반적으로 국가적 공동체형성의 관련점

---

292) Kägi, 앞의 논문, S. 760a.

293) Arstoteles, Politik, S. 166.

294) Z. Giacometti, Die Demokratie als Hüterin der Menschenrechte, Züricher

으로서의 조직적인 것에도 없어서는 안 되는 것으로 남아 있다. 그러나 사람들이 더 이상의[295] 척도에서, 그것이 국가조직의 상을 요구하듯이, 자유와 인격의 존엄을 헌법적 가치로 성문화하고 그러한 가치들로부터 전체 국가행위법을 관철시키고자 한다면, 결국 그 속에는 헌법을 가치무관적 경향을 가진 오늘날의 법실증주의를 극복할 수단으로서 활성화시키려는 노력이 있다. 그러나 그것은 헌법적인 것에 대하여 과도한 요구를 하는 것이다. 가치무관적 법관(法觀)에 대한 저항력은 본질적으로 다른 원천에서 와야 한다. 헌법은 이상적 행위질서의 최소한의 모사로 간주될 수는 없다. 헌법은, 전체 법질서와 관련하여, 기술적 형성에서 뿐만 아니라 가치지향에서도 변화하고 변화할 수 있는 내용을 수용하는 그릇으로 남아 있다.

(103) 헌법의 지속성과 불가침성이 자유를 위하여 가치를 가진다는 것은 기본법이 의식을 해명하는 절차의 결과로서 이해될 때에만 그리고 그러한 한에서만 정당하다. 인식된 것의 진리내용만이 그것을 유지하는 보장을 정당화할 수 있다. 따라서 헌법적인 것의 지속성은 그 자체로부터가 아니라 헌법에 의하여 획득된 집단의 더 높은 의식수준으로부터 내적 근거를 얻는다. 따라서 모든 것은 하나의 결정적인 측면에 귀결된다. 지속성과 불가침성을 주는 목적을 가진 국가의 기본구조

Rektoratsrede 1954.

295) *W. Kägi*는 그의 일반적 명제의 예증에서 이 연구의 저자의 견해에 따르더라도 헌법본질적 측면을 넘어서지 않는다(앞의 논문 S. 744a). 특히 이러한 측면을 행위법의 형성을 위한 지침으로 해석하는 것은 단지 옳지 않은 것만은 아닐 것이다.

를 강조하는 것은 그것이 스스로 발전하는 인간의 의식에 의지처를 보장하고 의식이 무정형적이고 무차별적인 것으로 후퇴하는 것을 방지하는 한에서 자유에 기여한다.

이러한 관계에서 분리되는 경우 기본질서 자체의 지속성과 불가침성을 추구할 가치가 있는 공동체의 목표로 선언하는 것은 불운한 것이다. 국민에게 외견적으로만 헌법을 주고 어느 정도 헌법에 의하여 사실상(de facto) 전혀 다르게 권력분립을 시도하는 것을 은폐하는 확실한 처방은 마키아벨리에게서 유래한다. "종종 인간의 무리는 현실보다 외관에 의하여 더 잘 움직인다."[296] 이 말은 헌법적 형성의 본래의 결정적인 문제를 암시한다. 집단 일반에게 개정이 곤란하고 단계적으로 규범우위가 보장된 "기본법"을 주는 것이 중요한 것이 아니라 이러한 기본법에서 가능하면 많이 사회조직의 현실을 포착하는 것이 중요한 것이다. 헌법적 원리가 집단의 실제 상태의 모습을 제공할 때에만 헌법적 원리는 사회적 관계를 의식적으로 해명하는데 있어서 진보를 보증한다. 헌법이 환상으로 되면 헌법은 인간을 자유에로 인도하지 않고 인간을 더 강력하게 인간을 위협하는 해명되지 않고 인식되지 않은 권력에 속박한다. 필요한 것은 헌법적 현실주의이다.

(104) 그러나 헌법은 본질적으로 법적 소여이므로 헌법적 현실주의에 대한 이러한 의무부과는 합법적 구조가 가능한 한 광범위하게 사회질서의 적확한 표현으로 만들어지는 것을 의미한다. 그러나 이는 헌법

---

296) Machiavelli, Discorsi, S. 38.

규범에 단지 보상적 의미가 주어져야 한다는 것만을 의미하지 않는다. 성문의 헌법문서가 - 그리고 이는 희귀한 예외의 의미에서만은 아니다 - 파악될 수 있는 법적 내용이 없을 뿐만 아니라 심지어는 현실의 질서세력에 명백하게 역행하고 그리고 그럼으로써 기본구조의 해방으로서의 헌법적 긴장해소수단의 성격을 가진다는 것은 이제 극히 명백하다. 그러한 한에서 성문헌법은 비현실적으로 된 또는 그 현실내용에서 점점 더 빛이 바래가는 이상구조의 영역으로부터 오는 관념들의 의지처로 된다. 그와 동시에 이러한 보상적 관념들의 영향은 이중적일 수 있다.

종종 그러한 관념들은 이전에 언젠가는 현실이었지만 현재의 헌법에 의하여 극복되어야 할 상황을 재생한다. 야르라이쓰*Jahrreiß*[297])는 그러한 종류의 헌법규범을 적확하게 "해고된 칭호"로 표현하였다. 이에 대한 본보기는 비록 1848년 이래 법적 의미에서 주권에 대하여 더 이상 언급할 수 없음에도 불구하고 칸톤을 장중하게 "주권적"으로 표현하고 있는 스위스 연방헌법 제1조와 제2조를 들 수 있다. 합법적 구조에 의하여 현실에서 낡은 것이 된 관념들에 대한 기본법의 고집은 발전에 역행하는 보수주의를 완화하는 의미로 작용한다. "해고상황"은 새로운 현실에 대한 의제적 보상상으로서 항구화되어야 한다.

그러나 다른 한편으로는 보상은 또한 비현실적 미래상으로부터도 결과될 수 있다. 종종 헌법에 삽입된 법정책적 요청들이 이러한 의미에서 작용한다. 마침내 전래된 가족관계에 대한 철저한 사회학적(그리

---

297) Jahrreiss, Mensch und Staat, gesammelte Aufsätze, 1957, S. 284.

고 또한 국가의 법질서에 의하여 수행된) 평가절하를 마침내 모든 사람이 인식하게 된 바로 그 시점에 스위스연방에서 예컨대 사람들이 가정의 유지를 헌법적 원칙으로 고양시킨 것은 분명히 이러한 미래파풍(風)의 상호관계를 암시한다.

(105) 이러한 예는 한번 정해진 규범들에게 단지 그것들이 내용적으로 "기본법"으로 표현된 외적 소여의 구성부분으로 선언되었다는 이유만으로 지속성과 불가침성을 부여하려는 입헌주의가 반드시 모든 가치들을 전도시키게 되는가를 보여준다. 단지 극복된 과거에의 보상적 후퇴나 또는 결코 달성할 수 없는 보상적 원격상에 머물러 있는 것은 헌법에 속하지 않으며, 헌법은 인간적 의식의 지주로서의, 사회관계를 해명하는 수단으로서의 그 기능을 유효하게 완수해야 한다. 헌법문서에 삽입된 헌법이질적 재료의 부담 때문에 진정한 헌법에 대한 의식을 질식시키는 것이 현대를 위협하는 위험이다. 헌법은 구상적이고 인상적으로 국가의 기본구조를 표현하여야 한다. 이는 헌법문서에서, 특히 국가의 법정책에 대한 단순한 지침에서 모든 밸러스트를 생략할 것만을 요구하지 않는다. 이는 또한 마찬가지로 헌법 스스로가 사회조직의 복합성을 표현할 것을 요구한다. 철저한 헌법이 아닌, 현존하는 이율배반들을 의식적으로 인정함으로써 현실적이고 인간의 의식에 합치하는 헌법이 성숙된 헌법이다. 질서원리들의 복합성을 아는 데 모든 진정으로 안정적인 국가질서의 비밀이 있다.[298]

---

298) 미합중국의 헌법에 대하여는 Keller, 앞의 책, S. 50 참조.

D. 합리적 규범주의의 극복

(106) 그럼에도 불구하고 현대 사회조직의 아마도 가장 중대한 기능장애는 구조형태의 변화가 아니라 합리적·합법적 권위주장의 우위에서 시작되었다. 그와 함께 국가는 본래의 원초적 질서력을 상실하였다. 국가는 인간의 의식을 지탱하고 그것에 안정과 의지처를 보증하는 소여에서 "법률을 제정하고 끊임없이 법을 생산하는 것이 그 과제인 제도"로 되었다.[299] 이러한 "입법자의 과숙(過熟)"은 - 페더럴리스트의 저자들에 의하여 매우 분명하게 현대적 지배형태의 커다란 위험으로 인식된[300] - 끊임없이 고조되는 역동성을 발생시켰다. 운동은 관계를 상실하게 된 환경을 대체하였다. 가시적 질서의 변화가능성과 함께 사회조직 내에 아직도 조금은 남아 있던 카리스마적 가치참여와 전통적인 인격과 관련된 제 공동체관계의 잔여물은 사라졌다.[301] 인간들은 - 파스칼이 표현한 것처럼 - "정의의 본질은 법률의 권위"(que l'essence de la justice est l'autorité du législateur)[302]라는 신념으로 충만해 있었다. 그러나 "이웃 일반에 대한 의식적으로 인식되고 수용된 관련성이 없다면 인격의 종합"이 있을 수 없으므로,[303] 사회적 관계의 합리적 우위는 인간적 인격에게는 위험으로 될 수밖에 없었다.

---

299) Marcic, 앞의 책, S. 54.

300) Federalist, S. 317.

301) 이에 대하여는 H. Huber, 앞의 책, S. 3.

302) Pascal, Pensées, Nr. 254.

303) C. G. Jung, Übertragung, S. 117.

(107) 백년도 훨씬 전에 토크빌은 전제정의 특징에 대하여 다음과 같이 적었다.[304] "전제군주는 그들 사이에 사랑이 없다는 것을 전제로 사랑이 없는 통치를 쉽사리 묵인한다"(un despote pardonne aisément aux gouvernés de ne point l'aimer, pourvu qu'ils ne s'aiment pas entre eux). 개별화는 폭정의, 어떻게도 정당화되지 않는 지배의, 그 본질에서 악한 것으로 남아 있는 무차별적, 아귀와 같은 권력에 의한 압제의 커다란 기회이다. 그러나 일반화된 합리적 규범이 사물의 척도로 되면, 사람들이 일반화된 규범을 위하여 인격의 고유가치를 희생시키고 우리의 사회적 규정에서 초월의 마지막 섬광이 꺼지면, 공동체를 추구하는 인간은 개별화로 내몰린다. 뿌리를 상실한 고립화에 의하여 위협받는, 그의 인격의 왕국에서 평가절하된 인간의 구조를 청하는 외침을 어느 누구보다도 감동적인 말로써 표현한 것은 하인리히 페스탈로치*Heinrich Pestalozzi*[305]였다. 페스탈로치가 이야기하고 있듯이 "공적인 국가의 외견적 질서의 번쩍거리는 재난"은 무정한 적으로서 "훌륭한 인간적 생존"에 대항한다. 그리고 괴테*Goethe*는 현자 탈레스*Thales*로 하여금 다음과 같이 말하게 한다. "그곳에서 너는 영원한 규범에 따라 천 개의, 또 천 개의 형식에 의하여 움직인다. 그러나 인간이 되기까지는 너는 서두르지 않아도 된다."[306] 그러므로 사람들은 다음과 같이 질문하지 않으면 안 된다. 만일 서구인이 철의

304) Tocqueville, Bd. II S. 109.
305) H. Pestalozzi, Nachforschungen über den Gang der Natur in der Entwicklung des Menschengeschlchtes, Kröner-Taschenausgabe, S. 140.
306) Goethe, Faust II, 1. Akt, Verse 6117/18.

장막 저 너머에서 섬뜩한 위협으로 자행되는 것을 또한 그 자신의 시민적 국가에서도 파악할 수 있는 실마리가 있는 것으로 보고 부담을 느끼지 않는다면, 서구인은 탐욕적인 공산주의 리바이어던에 의하여 옴쭉달싹할 수 없는 공포에 처해지지 않을 수 있을까?

(108) "회초리로 자연을 내몰아도 자연은 다시 돌아온다." 호라츠 *Horaz*의 이 말은 이곳에서도 확증된다. 가늘게 짜여진 합리적 행위규범의 망 하에서는 몇 번이고 되풀이하여 이질적인 세력들이 외부적으로는 이성을 가장하나 내부적으로는 전혀 다른 권위를 주장하면서 침입한다.[307] 이론적인 사상체계로 위장된 이러한 권력들의 발현은 다음과 같은 단호한 말로써 수행된다. "무한한 신뢰에 이를 때까지 심오하게 통찰하여 마음을 붙잡아라." 그 근원에서 초월적으로 규정된, 그러나 오늘날 그 뿌리가 박탈된, 일상적인 것에서 발송되고 더 이상 정지를 모르는 합리주의의 이러한 위급한 상황을 막스 베버는 학문에 대한 내적 소명에 대한 그의 논문에서 계시록적 환영의 폭력으로 나타내었다. "오래된 수많은 신들이 마법에서 깨어나 그리고 그러므로 비인격적 권력의 형태로 그들의 무덤에서 부활하여 우리들의 생사를 좌우할 권력을 추구하여 서로 그들의 영원한 투쟁을 시작한다."[308] 오늘날 우리는 우리 영혼의 내적 현실에서와 마찬가지로 국가의 외적 현실에서도 이러한 대결에 연루되어 있다. 투쟁이 성립하는 것을 가능하게 하

---

307) 정당하게 *Michels*는 "법률"과 "총통" 사이의 대결에서는 항상 전자가 약자라는 것이 입증된다고 이야기한다(앞의 책, S. 375).

308) Max Weber, S. 330.

는 결정적 힘은 개별적인 인간의 재반성으로부터만 올 수 있다. 집단은 개인의 부담을 경감시켜줄 수 없다. 그러나 집단은 개별적인 인간에게 상징과 거울로서 길을 안내해줄 수 있다.

참 고 문 헌

Aristoteles, Politik und Staat der Athener(Politlk으로 인용-), herausg. von
    O. Gigon, Artemis-Verlag, Zürich 1955.
- Die Nikomachische Ethik(Ethik으로 인용-), herausg. von O. Gigon,
    Artemis-Verlag, Zürich 1951.
Augustinus, Vom Gottesstaat, herausg. von W. Thieme, 2 Bde.,
    Artemis-Verlag, Zürich 1955.
Bodinus, De Republica libri sex(라틴어로 인용함), Frankfurt 1609.
- Six Books of the Commonwealth(영어로 인용함), herausg. von M. J.
    Tooley, Blackwell, Oxford[1955].
Cicero, De re publica libri/Vom Gemeinwesen, herausg. lateinisch und
    deutsch von K. Büchner, Artemis-Verlag, Zürich 1952.
Federalist, The Federalist or the New Constitution by Hamilton/
    Madison/Jay, herausg. von Max Beloff, Blackwell, Oxford 1948.
Grotius, De iure belli ac pacis, Amsterdam 1689.
- Deutsche Übersetzung von Schätzel, J. C. B. Mohr, Tübingen 1950.
Hegel, Grundlinien der Philosophie des Rechts, Fromann, Stuttgart 1928.
Hobbes, Leviathan, Rascher-Verlag, Zürich 1934.
- Grundzüge der Philosophie, Lehre vom Menschen und vom Bürger,
    Verlag F. Meiner, Leipzig 1918(De cive로 인용함).
Kant, Sämtliche Werke, 6 Bde. Insel-Verlag, Wiesbaden[1956ff.].
Locke, The second treatise of civil government, herausg. von J. W. Gough,
    Blackwell, Oxford 1948.
Machiavelli, Der Fürst(Il Principe), Kröners Taschenausgabe, Stuttgart 1955.
- Gedanken über Politik und Staatsführung("Discorsi sopra la prima decade
    diTito Livio"), Kröners Taschenbuchausgabe, Stuttgart 1954.
Marsilius von Padua, Defensor pacis, lateinisch und deutsch,

Wissenschaftliche Buchgesellschaft, Darmstadt 1958.

Montesquieu, Oeuvres complètes, 2 Bände. La Pléiade, Paris 1949/51(쪽 표시가 없는 인용은 "Esprit des Lois"의 책과 장을 인용한다).

- De l'Esprit des Lois, herausg. von J. B. de la Gressaye, Bände 1과 2(제 1책 - 제18책), Les Belles Lettre, Paris 1950/55(Gressaye로 인용).

- Sa pensée politique et constitutionnelle, Bicentenaire de L'esprit des lois, Sirey, Paris 1952(Bicentenaire로 인용).

Platon, Der Staat, Artemis-Verlag, Zürich 1950.

- Die Gesetze, Verlag F. Meiner, Leipzig 1945.

Rousseau, Contrat Social, Garnier, Paris 1931.

de Tocqueville, De la démocratie en Amérique, 2 Bde., Gallimard, Paris 1951.

Max Weber, "Soziologie, weltgeschichtliche Analysen, Politik", Kröners Taschenausgabe, Stuttgart 1956.

- Wirtschaft und Gesellschaft, 4. Aufl., J. C. B. Mohr, Tübingen 1956.